Curatela e contributi di Marcella Loporchio con AA.VV.

Tu non puoi capire!

Una disamina a tutto tondo sulle tematiche dell'inclusione e pratiche attuative

EDIZIONI&100®
Marketing

Titolo
Tu non puoi capire! Una disamina a tutto tondo sulle tematiche dell'inclusione e pratiche attuative
Autore
Marcella Loporchio
Editore
Alessandro Gian Maria Ferri
Direttrice Editoriale
Lisa Ferri
Editors
Claudia Ferri, Gianluigi Cervellino
Grafica di copertina
Gabriele Ponti
Sito internet
https://edizionie100.com/
Codice ISBN:
979-12-80486-46-2

Edizioni &100 S.R.L., Roma
Prima edizione Edizioni &100 Marketing - La tua storia di successo
Febbraio 2023

Edizioni &100 Marketing, fondata il 17 Dicembre 2020 a Roma, è la casa editrice che realizza esclusivamente libri sartoriali per aumentare il personal branding e l'autorevolezza di **imprenditori** e **professionisti**, desiderosi d'investire su un prodotto di qualità in grado di renderli gli esperti indiscussi del proprio settore, ma non solo...

Realizziamo libri di business, curati meticolosamente dalla prima all'ultima pagina, che hanno lo scopo di alimentare positivamente l'immagine professionale dei nostri autori e di fornirgli visibilità, strategie di marketing ineguagliabili, affermazione sul mercato, sviluppo del business, aumento dei clienti.

Il libro si è dimostrato essere il nuovo strumento di marketing numero 1 in assoluto, in grado di imprimere su carta la storia personale e lavorativa di ogni professionista e che, contemporaneamente, riesce a trasmettere i valori aggiunti, la professionalità, l'unicità e l'affidabilità di tutti coloro che lo realizzano.

Edizioni &100 Marketing, grazie al suo team di esperti, realizza libri di business precisi e interessanti in meno di 8 ore, occupandosi di ogni singolo passaggio: dalla struttura iniziale alla scrittura dei capitoli, dall'editing meticoloso all'impaginazione minuziosa, dalla grafica interna alla grafica di copertina accattivante.

Il libro, inoltre, se abbinato ad altre forme di marketing ben realizzate diventa uno strumento cento volte più performante del normale. Proprio per questo, Edizioni &100 Marketing cura a 360° l'immagine dei propri autori, fortificando il loro personal branding. Realizziamo strategie di marketing su misura, studiate in base alle esigenze dell'autore stesso.

I nostri servizi comprendono la creazione di bigliettini da visita accattivanti, comprensivi di QR Code che rimandano a contenuti multimediali; la creazione di un sito web personalizzato, capace di descrivere nel dettaglio le informazioni principali che si vogliono condividere insieme a foto esplicative e coinvolgenti; la creazione, nonché pubblicazione, di post social, comprensivi di grafica e copy, per tutte le piattaforme social, e tanto altro!

Cosa stai aspettando? Contatta Edizioni &100 Marketing per stravolgere positivamente la tua carriera!

Le pagine che seguiranno sono state create con l'obiettivo di fornire informazioni precise e chiare, indipendentemente dall'utilizzo della forma maschile o femminile delle frasi. Il genere utilizzato dipende esclusivamente da questione di stile e uniformità nella presentazione delle informazioni. Tale scelta non implica alcuna opinione o posizione riguardo l'importanza dei generi.

Tavola dei contenuti

Capitolo 4: Ugualmente diversa e unica

Capitolo 5: La DEI applicata allo sport

Capitolo 6: Il Diversity Lab: il modello per la 24ore Business School

"Fai ciò che pensi di non essere in grado di fare.

Fallisci.

Riprova.

Fai di meglio la seconda volta.

Le uniche persone che non cadono mai sono quelle che non rischiano mai".

-Oprah Winfrey

Prefazione a cura di Alessandra Servidori

L'autrice dipana con armonia tutti i passaggi di una riflessione incalzante e scientificamente inesplorata sulla diversità come un caleidoscopio la cd diversity. Stagione incerta quella odierna, che si riflette in una società variamente definita come globalizzata, tecnologica, complessa, falsamente ideologica o postmoderna.

In questo contesto si inserisce il libro di Marcella Loporchio che affronta una tematica ancora scientificamente inesplorata in una realtà che segna il declino del sentimento collettivo di appartenenza e culmina in una diffusa percezione di vulnerabilità, precarietà e pericolo e di incomprensione spesso per le differenze.

La normalità, allora, è rappresentata dalla capacità di consumare e di mostrare i beni consumati e difficoltà rimosse secondo standard sempre più elevati, in rapporto a ciò che viene offerto in un contesto globalizzato e complesso com'è quello odierno.

Di contro, l'anormalità è propria di chi si ostina ad accontentarsi, risparmiare e conservare, secondo un'ottica che si fonda su princìpi e valori che sembrano non appartenerci più. Così si è tentati di garantirsi la sopravvivenza, accettando la contraddizione e il cambiamento attraverso un atteggiamento di flessibilità, spesso acritica, che porta a misurarsi con la vulnerabilità per non correre il pericolo di smarrirsi.

La questione di diversità invece di dare luogo ad un'organizzazione sociale e lavorativa che comprenda la situazione di chi la vive, le sue origini, rafforzi il sentimento di appartenenza, in una logica di solidarietà e di sussidiarietà, sviluppa atteggiamenti di ostilità o di filantropia pietistica a volte furiosa altre, ammantata di un buonismo che mette a posto con la coscienza.

L'elemento fondamentale è costituito dall'assenza di un benessere sociale, che è chiamato in causa dal tentativo di garantire un benessere individuale determinato dal fare ricorso al capitale sociale, alla capacità, cioè, di regolarsi e di confrontarsi con gli elementi, le strutture e i contesti in cui uomini e donne agiscono.

Lo stigma e i pregiudizi colpiscono tutte le tipologie della diversità e alimentano un processo di emarginazione, sostenuto da un immaginario collettivo che rivendica la necessità di barriere per proteggersi dall'incompiutezza e dall'imperfezione che la differenza erroneamente richiama. Il principale motivo che sollecita questo lavoro è riconducibile al tentativo, ma anche alla necessità, di cogliere le diverse forme e modalità di manifestazione dei bisogni, individuali e/ o collettivi, per arrivare a una loro condivisibile codificazione in validi modelli di rappresentazione e azione.

Modelli che non siano affatto fini a se stessi, né autoreferenziali, bensì intenzionalmente finalizzati alla progettazione e alla realizzazione di organizzazioni per la persona e la comunità lavorativa, tali da garantire un sistema di vita che, nel contempo, risulti a misura di ciascuno e di tutti, oltre che realisticamente ed efficacemente sostenibile.

Capitolo 1
Diversity

Introduzione a cura di Marcella Loporchio

Partiamo dall'etimologia di *diversità*. Il sostantivo viene dal latino *diversitas, -atis*, derivato dall'aggettivo *diversus*, a sua volta participio del verbo *divertere*. Il prefisso *di(s)* indica allontanamento, separazione, mentre il verbo *vertere* significa "volgere", "voltarsi". Il significato globale del termine può essere inteso, quindi, etimologicamente parlando, come un qualcosa che si allontana volgendosi in direzioni opposte. Da questo punto di vista, rappresenta l'esatto contrario di "inclusione". Anch'esso derivante dal latino, includere significa letteralmente "chiudere dentro", "inserire"; più precisamente è la preposizione *in* che dà il senso dell'andare verso, dell'essere dentro. Sinonimo di diversità, è differenza. Anche *differenza* viene dal latino e anche qui troviamo la presenza del prefisso *di(s)* che abbiamo visto significare allontanamento e separazione. In più, c'è, però, il verbo *fero* che significa "portare". Il concetto di *differenza* denota, dunque, certamente qualcosa che va in senso opposto, ma che "porta" anche qualcosa. È implicito nel termine "arricchimento". Quanto detto, non vuole condannare il termine "diversità", vuole soltanto richiamare l'attenzione sul suo significato e su un uso consapevole del termine. Ogni volta che diciamo "diverso" dobbiamo essere consapevoli che facciamo riferimento a tutte quelle "differenze" che, in realtà, ci donano qualcosa e ci arricchiscono. Riflettendoci, tutti noi siamo diversi. Neanche gemelli omozigoti, che ricevono la stessa educazione e vivono per anni nello stesso ambiente, sono uguali. Differiscono per carattere, modi di essere, vissuto. Ognuno sviluppa autonomamente la propria personalità e la propria intelligenza. In quanto esseri umani, siamo tutti dotati di razionalità, ma ognuno di noi sviluppa un diverso tipo d'intelligenza:[1] c'è chi ha una maggiore intelligenza spaziale, chi musicale, chi ha sviluppato maggiormente la cosiddetta intelligenza emotiva[2] ovvero la capacità di attingere alle

---

[1] Dopo la pubblicazione del fondamentale saggio di Howard Gardner, *Frames of Mind. The Theory of Multiple Intelligences* nel 1983, tale dato è considerato un'acquisizione della moderna psicologia.

[2] Il primo a parlare di intelligenza emotiva è stato Daniel Goleman nel suo volume *Intelligenza emotiva* del 1995. In esso Goleman afferma come la capacità di conoscere se stessi e gli altri attraverso l'empatia non venga conteggiato nel calcolo del quoziente intellettivo.

proprie emozioni per sviluppare ulteriori *skills* organizzative e individuali.[3]

E se guardiamo a noi stessi?

Quante volte siamo cambiati nel tempo e non ci riconosciamo più! Oltre che fisicamente, il nostro carattere si forma, la nostra intelligenza muta. In un bellissimo libro, *Nato due volte*,[4] i maestri yoga Premartha e Svarup sostengono che, crescendo, ci distacchiamo, inconsapevolmente così tanto dal bambino che eravamo da arrivare a contenere in noi due identità diverse, spesso in conflitto, che devono essere ricomposte in modo da sfruttare a pieno il potenziale che ambedue raccolgono in sé. Agire come un'unità pur essendo molteplici: questo è l'obiettivo di noi in quanto singoli, ma anche come appartenenti a una specifica comunità che può essere la famiglia, il lavoro, un gruppo di amici.

Ciò ci riporta all'importanza della conoscenza e della formazione continua. Non si finisce mai di imparare. Bisogna cominciare dal conoscere e accogliere prima noi stessi, vedere i nostri punti di forza, accettare i nostri limiti, guardare ai cambiamenti, alle novità, al diverso come ad un'opportunità continua di crescita e miglioramento nella prospettiva del *life-long learning and training*. Ancora una volta, quindi, parliamo della necessità d'investire sulla formazione e sull'educazione delle generazioni future. La mia risposta alla domanda del titolo del paragrafo?

No, non si può restringere il concetto di diversità; anzi, a mio parere, non va assolutamente fatto. Ciò che deve divenire, al contrario, una buona pratica è esaltare, coinvolgere, includere ognuno col proprio modo di essere e le proprie risorse all'interno di un progetto più ampio che miri al benessere e al successo non solo dei singoli, ma di un'intera comunità.

La differenza è l'unica cosa che esiste. "When we lose the right to be different, we lose the privilege to be free" (Charles Evans Hughes).

---

[3] Cfr. ad es. Joshua Freedman, *Intelligenza emotiva – al cuore della performance*, III edizione, 2006, Gruppo 24 Ore; Massimiliano Ghini, *Intelligenza emotiva in azione*, 2011, Gruppo 24 Ore.

[4] Premartha e Svarup, *Nato due volte*, Urra, 2006.

Un dualismo da abbattere: gender diversity & equality

Quando parliamo di gender diversity, è facile fare un po' di confusione. Nessuno può negare le differenze che tra i due sessi inevitabilmente esistono. Infatti donne e uomini si distinguono a) anatomicamente, essendo provvisti di parti del corpo differenti; b) geneticamente, dato che possiedono un corredo cromosomico diverso (XX per la donna, XY per l'uomo); dal punto di vista ormonale perché gli ormoni, sia maschili che femminili, influenzano la vita di uomini e donne in maniera diversa.

Nel dibattito antropologico e sociologico contemporaneo, il termine genere ha, però, sostituito il termine sesso per indicare "la tipizzazione sociale, culturale e psicologica delle differenze tra maschi e femmine."[5] In altre parole, il dualismo uomo-donna è stato trasposto dal piano biologico a quello culturale (fig.1).

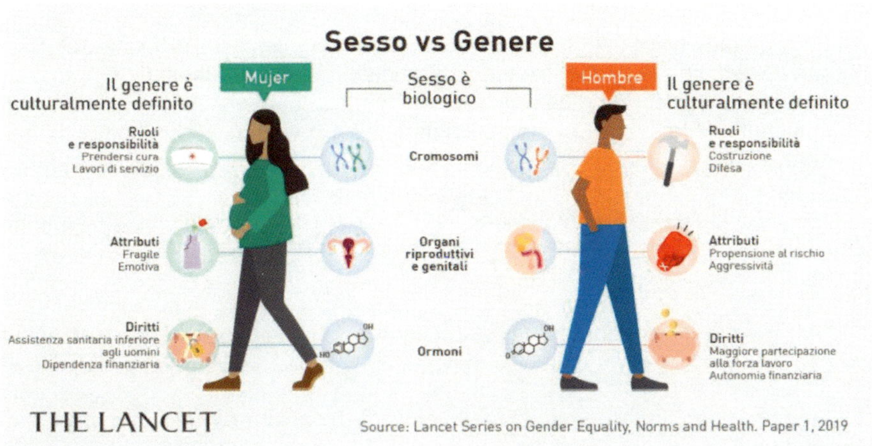

Figura 1

5 https://www.treccani.it/enciclopedia/genere/#:~:text=Antropologia,differenze%20tra%20maschi%20e%20femmine.

Negli anni sono stati attribuiti alla donna e all'uomo una serie di caratteristiche, ruoli e diritti che hanno penalizzato molto la donna, ma esercitato su entrambi i sessi una forte pressione sociale.

Infatti, a seconda del genere di appartenenza, ci si aspettano determinate cose da noi: l'uomo deve essere forte e non mostrare mai i suoi sentimenti, mentre la donna deve occuparsi dei figli e della casa.

In questo modo, la donna è rimasta esclusa a lungo dal mercato del lavoro e dal ricoprire posti di rilievo all'interno della società.

Purtroppo il trattamento differente e la predeterminazione della vita futura di bambine e bambini cominciano già quando nasciamo con la consuetudine di apporre un fiocco azzurro o rosa[6] a seconda del sesso del nascituro. Il colore azzurro, essendo lo stesso del cielo, pone il maschio sotto la protezione delle divinità celesti e, in qualche modo, riconosce solo a lui la partecipazione all'elemento divino.

Le bambine invece, ritenute già anticamente meno importanti, erano salutate con il rosa, che ricorda il sangue mestruale e quindi la femminilità. Anche la simbologia del colore caldo vs. colore freddo rimanda a un pregiudizio nei confronti delle emozioni che consideriamo prevalenti in un uomo o una donna.

Stando alla ruota di Plutchik (fig. 2), i colori freddi suggeriscono calma, riposo e contemplazione, ma anche, a seconda dei casi, tristezza e malinconia.

Quelli caldi invece simboleggiano passione, attivismo, fiducia, oltre che ottimismo.

Ed è un luogo comune che ci tocca sentire di continuo quello secondo cui gli uomini sono più riflessivi e le donne più istintive e passionali.

[6] L'azzurro e il rosa, colori tenui, sono considerati più adatti ai bambini rispetto al blu e al rosso.

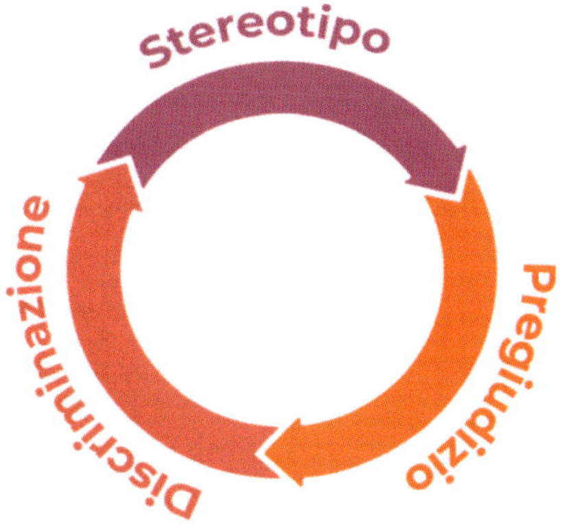

Figura 5. Circolo della discriminazione

La discriminazione crea fratture nella società piuttosto che unione.
Su questo punto, ho intervistato Valeria M., 37 anni, una delle circa 300 donne che lavorano per il corpo dei vigili del fuoco in tutta Italia. È moglie e mamma di un bimbo di 6 anni. Ha girato diverse caserme tra Campania, Lazio, Toscana e Calabria. Valeria mi racconta che al di là dell'accoglienza diversa (al Sud più calorosa, al Nord più fredda e distaccata) ha dovuto fare i conti con lo stesso modo di percepire la donna all'interno di un corpo completamente maschile ossia "Donna, dovresti stare in cucina!". Insomma, tanto scetticismo, pochissima fiducia e zero considerazione. Le hanno spesso detto che avere una donna all'interno di una squadra venga inteso come un "turno zoppo". "Noi donne – dice Valeria – possiamo avere dei limiti di forza fisica, ma abbiamo coraggio, motivazione, self-control, precisione, forza d'animo, qualità che tanti uomini non hanno. Pochi sono quelli che ti incoraggiano e ti lasciano lo spazio per imparare. Ogni giorno subisco discriminazioni ed ogni giorno devo dimostrare il triplo rispetto ai miei compagni solo perché sono donna! Cercano di lasciarti sempre indietro e ti danno poco spazio per intervenire ed esprimere il tuo pensiero. La mia squadra attuale è composta da 9 uomini e me, unica donna. Sulla partenza siamo in 5. Una mano è composta da 5 dita diverse, con caratteristiche diverse, unite da un unico punto, ma che insieme, lavorando all'unisono, possono dare risultati eccellenti; al contrario, se si lavora in modo sregolato, non si hanno risultati. Io credo tantissimo nel gioco di squadra e sono fermamente convinta che io da donna, da "dito diverso della mano" possa apportare il mio contributo. È complicato lavorare in un ambiente nel 2022 ancora ostile al genere femminile...

Ma la passione che ho per questo lavoro, mi aiuta ad avere la grinta necessaria per gestire lavoro, marito e figlio. Sono orgogliosa, nonostante le difficoltà, di svolgere un lavoro che mi permetta di aiutare le persone perché in questo modo, aiuto anche me stessa".

5.2: Eliminare ogni forma di violenza nei confronti di donne e bambine, sia nella sfera privata che in quella pubblica, compreso il traffico di donne e lo sfruttamento sessuale e di ogni altro tipo

Con violenza contro le donne intende "qualsiasi atto di violenza fondata sul genere che comporti, o abbia probabilità di comportare, sofferenze o danni fisici, sessuali o mentali per le donne, incluse le minacce di tali atti, la coercizione o la privazione arbitraria della libertà, sia che si verifichi nella sfera pubblica che in quella privata."[12]

Può assumere diverse forme:

• Fisica, sessuale, psicologica ed economica;
• Colpisce le donne indipendentemente dall'età, dal livello d'istruzione e da altri fattori; spesso si sviluppa nell'ambito del cosiddetto ciclo della violenza (dall'amore idilliaco ad abusi seguiti da momenti di pentimento e di scuse che aumentano la "tolleranza" alla violenza);
• Determina conseguenze fisiche, psicologiche e sociali (perdita di fiducia, attacchi di panico, isolamento, disturbi psichiatrici, autolesionismo, suicidio, morte etc.);
• Vede quali fattori di rischio dei e verso i comportamenti violenti il livello d'istruzione basso, l'aver subito violenze durante l'infanzia o assistito ad atti di violenza in famiglia, l'avere una mentalità che considera accettabili la violenza e le disuguaglianze di genere; nuoce ai bambini che vi assistono e li espone alla tendenza a commettere o subire violenza più avanti nella vita;
• Costituisce un grave problema di sanità pubblica oltre che una violazione dei diritti umani.[13]

[12] Definizione ONU nella *Dichiarazione sull'eliminazione della violenza contro le donne* del 1993.

[13] Cfr. rapporto OMS sviluppato dalla London School of Hygiene & Tropical Medicine e la South African Research Council. Si tratta del primo studio che analizza sistematicamente i dati sulla diffusione della violenza contro le donne a livello globale.

Senza andare lontano, relativamente a questo sotto-obiettivo vorrei considerare la situazione italiana. La legge 69/2019 "Modifiche al c.p., al c.p.p. e altre disposizioni in materia di tutela delle vittime di violenza domestica e di genere" ha introdotto una corsia prioritaria e accelerata per la trattazione dei casi di violenza di genere; ha rafforzato il sistema di tutela "preventiva" con misure di protezione, obblighi informativi/di comunicazione; ha introdotto nuove ipotesi criminose e aggravanti e innalzato le pene. Purtroppo ciò non è bastato a limitare il fenomeno. Si tratta di un fenomeno trasversale (che richiede la considerazione di molti fattori per studiarne le caratteristiche e l'andamento per le vittime, i loro figli e gli autori maltrattanti), con profonde radici culturali (stereotipi e pregiudizi di genere), in parte ancora sommerso (solo l'11,8% delle donne aveva denunciato il partner per le violenze subite da questi e solo il 7,4% aveva denunciato le violenze subite dai non partner) e aggravato dalla pandemia Covid-19 e le misure adottate per il suo contenimento (la prolungata condivisione dello spazio abitativo ha determinato l'aumento e l'inasprimento degli episodi di violenza). Sotto l'ultimo aspetto i dati più aggiornati riferiscono che le chiamate ai numeri di assistenza telefonica per le vittime di violenza hanno registrato in Italia aumenti significativi (+119,6%), passando da 6.956 a 15.280 chiamate telefoniche e via chat nella prima fase della pandemia (marzo-giugno 2020) al numero verde nazionale 1522; la crescita delle richieste di aiuto tramite chat è quintuplicata passando da 417 a 2.666 messaggi; si tratta principalmente di utenti di nazionalità italiana (14.122, il 92,4%) (utenti stranieri 1.150, il 7,5%).[14] La violenza rende la casa un ambiente non sicuro per le donne (77,6% donne uccise in casa nel 2020).[15] Nel primo semestre 2021, l'83% di vittime italiane è stata uccisa da autori italiani, mentre solo il 5% da stranieri; nel restante 12% dei casi l'autore non è stato ancora individuato; le vittime straniere nel 91% dei casi hanno trovato la morte per mano di cittadini stranieri, nel 9% di italiani; in ambito familiare o affettivo, la percentuale di donne italiane uccise da connazionali raggiunge il 97%, mentre le donne straniere sono state uccise, nella totalità dei casi, da stranieri; rispetto al *modus operandi* nel 2020 e nel 2021, le vittime sono state quasi tutte aggredite mortalmente con armi bianche o improprie.[16]

---

[14] Cfr. Parlamento Europeo, "Tackling violence against women and domestic violence in Europe", Policy Department for Citizens' Rights and Constitutional Affairs Directorate-General for Internal Policies, October 2020.

[15] ISTAT - L'effetto della pandemia sulla violenza di genere Anno 2020-2021.

[16] Report Vite violate – Analisi I semestre 2020-2021 - DIREZIONE CENTRALE DELLA POLIZIA CRIMINALE.

Alla data odierna, relativamente al periodo 1.01.2022–24.04.2022 sono stati registrati 33 omicidi di donne (1 donna ogni 4 giorni), di cui 30 uccise in ambito familiare/affettivo; di queste, 17 hanno trovato la morte per mano del partner/ex partner; nel 2022 le vittime di omicidio volontario commesso dal partner/ex partner sono solo di genere femminile.[17] Di fronte a questo scenario le fonti più autorevoli hanno indicato la strada da percorrere: unire alla lotta per il contrasto della violenza quella della prevenzione, con particolare attenzione a quella primaria rivolta alle nuove generazioni, attraverso il cambiamento culturale delle relazioni tra uomini e donne.[18] Mentre infatti le azioni di contrasto della violenza richiedono l'avvio di task force tra i servizi antiviolenza per assicurare alle vittime la più ampia e capillare tutela, le azioni di prevenzione richiedono la responsabilizzazione di tutti i livelli di comunità nella promozione dell'uguaglianza di genere. Un obiettivo ancora più difficile per via della difficile situazione bellica in atto in Ucraina e alle conseguenti migrazioni che andranno ad esacerbare la violenza esistente e a produrre, probabilmente, ulteriori forme di violenza contro le donne. Il sistema giuridico italiano è tale da poter garantire una tutela piena alle donne vittime di violenza? I recenti interventi legislativi (2013 e 2019) hanno il merito di aver iniziato una politica strutturale e multilivello per la prevenzione e il contrasto della violenza sulle donne. Ad esempio è stato previsto l'obbligo di formazione degli operatori dei servizi antiviolenza (Forze dell'ordine etc.). Inoltre sono previsti finanziamenti per centri antiviolenza e case rifugio per accompagnare le donne vittime. Il Dipartimento Pari Opportunità predispone ogni 3 anni il Piano d'azione straordinario contro la violenza sessuale e di genere con obiettivi di informazione/formazione e sensibilizzazione, potenziamento di iniziative di protezione/assistenza alle vittime, e di recupero/assistenza dei soggetti abusanti e maltrattanti.[19] Per contrastare il fenomeno della violenza sulle donne occorre lavorare sulle radici culturali (scuole, università, luoghi di lavoro, mass media etc.); occorre abbattere stereotipi, rimuovere discriminazioni, promuovere la cultura del rispetto delle differenze.

---

[17] Dati Report Servizio Analisi Criminale del 26.04.2022 - DIREZIONE CENTRALE DELLA POLIZIA CRIMINALE.

[18] Piano Strategico Nazionale sulla violenza maschile contro le donne 2021-2023 - Rapporto Ombra sulla violenza contro le donne del Grevio 2021.

[19] Piano strategico nazionale sulla violenza maschile contro le donne 2021-2023 Asse I Prevenzione - Asse II Protezione e sostegno Asse III Perseguire e punire - Asse IV Assistenza e promozione https://www.aslnapoli1centro.it/documents/11346/dfd66c40-8 af8-44bf-adcd-61944403ba91.

Quindi non è sufficiente punire, ma serve una politica sociale, con diffusi e stabili interventi nel tessuto sociale. Non è un caso che anche recentemente lo Stato italiano sia stato valutato inadeguato nella tutela delle donne che denunciano (sentenza di condanna della Corte Europea per i Diritti dell'Uomo (EDU) del 7 aprile 2022 per il caso di violenza domestica in cui a perdere la vita per mano del padre è stato un bambino). La Corte EDU rileva l'inadeguatezza dello Stato italiano nel tutelare le donne vittime di violenza e i loro figli e ribadisce in materia di violenza domestica che il compito di uno Stato non si esaurisce nella mera adozione di disposizioni di legge, ma si estenda ad assicurare che la protezione di tali soggetti sia effettiva. L'inerzia delle Autorità nell'applicare la legge vanifica gli strumenti di tutela previsti: lo Stato ha l'obbligo di attuare misure capaci di salvaguardare in modo efficace i beni supremi della vita e dell'integrità delle persone quando vi è un rischio immediato e reale che quei diritti possano essere aggrediti.[20]

5.3: Eliminare ogni pratica abusiva come il matrimonio combinato, il fenomeno delle spose bambine e le mutilazioni genitali femminili

Secondo i dati del Rapporto 2019 dell'Agenda 2030, 750 milioni di donne e ragazze sono state costrette a contrarre matrimonio prima di aver compiuto 18 anni. La pratica dei matrimoni imposti dalle famiglie è molto diffusa in Asia meridionale, in Africa subsahariana, in America Latina e nei Caraibi. All'origine di questa consuetudine vi è un insieme di fattori in cui pesano la condizione economica delle famiglie, il valore delle relazioni tra famiglie che si rinsaldano con un matrimonio, la cultura dell'obbedienza ai genitori, che spesso annulla la volontà e i progetti delle figlie riguardo al loro futuro. Ai matrimoni precoci è, poi, associata una altrettanto precoce maternità, che aggiunge un ulteriore limite alle possibilità delle giovani di condurre una vita indipendente e libera dalla subalternità rispetto al marito.
Secondo l'OMS con il termine mutilazione genitale femminile (FGM) si definiscono tutte quelle procedure che coinvolgono la rimozione parziale o totale degli organi genitali femminili esterni per ragioni non di natura medica. Le FGM sono generalmente suddivise in quattro categorie a seconda della severità dell'operazione, che va dall'asportazione parziale o totale della clitoride al restringimento dell'orifizio vaginale con una pratica meglio conosciuta come infibulazione femminile. Quest'ultima è anche la procedura che spesso richiede necessaria un'ulteriore pratica di riapertura della sutura effettuata, con lo scopo di facilitare l'intercorso o il parto.

[20] Titti Carrano Rete D.i.Re Donne in Rete contro la violenza.

Spesso, le donne sono infibulate e deinfibulate diverse volte nel corso della loro vita provando sofferenze inimmaginabili. Le mutilazioni genitali femminili sono di solito effettuate da donne della comunità alle quali è stato conferito questo incarico. Agli uomini non è permesso assistere e dunque la comunità maschile generalmente ignora la sofferenza provata dalle ragazze durante l'operazione, molto di frequente eseguita in condizioni igienico-sanitarie decisamente insufficienti, senza l'utilizzo di anestetici, antibiotici né materiale sterile e quindi con il grande rischio di provocare morte per emorragie e infezioni. Coloro che sopravvivono vanno poi incontro a gravi conseguenze a lungo termine quali difficoltà nei rapporti sessuali, infezioni al tratto urinario e un alto rischio di morte durante il parto, sia per la madre che per il feto. Tradizionalmente il rito della mutilazione genitale segna a tutti gli effetti il passaggio delle bambine all'età adulta: una volta circoncise le giovani ragazze abbandonano gli studi e sono costrette al matrimonio in giovanissima età. In altre parole, vengono forzate nello stesso circolo di ingiustizia che le ha portate a subire questa pratica e private del diritto di studiare e realizzare liberamente il proprio potenziale nella società.[21]

Il 6 febbraio è il giorno in cui in tutto il mondo si celebra la *Giornata Internazionale contro le mutilazioni genitali femminili*, voluta dalle Nazioni Unite nel 2012 esattamente per promuovere campagne di sensibilizzazioni contro questa pratica. La legge 7/2007 in Italia ha introdotto il reato di *Pratiche di mutilazione degli organi genitali femminili* (583-bis c.p.).[22]

5.4: Riconoscere e valorizzare la cura e il lavoro domestico non retribuito, fornendo un servizio pubblico, infrastrutture e politiche di protezione sociale e la promozione di responsabilità condivise all'interno delle famiglie, conformemente agli standard nazionali

[21] https://www.amref.it/news-e-press/news-e-storie/2020-06-12-mutilazione-genitale-femminile-che-cos-davvero/?utm_source=google&utm_medium=paidsearch&utm_campaign=22_ADV_GOOGLE_GRANTS&gclid=CjwKCAjwj42UBhAAEiwACIhADlSh12TN628ScEaax-TNMiHk8Xc8DZ-9R37WDuY2GM6QD7DQglstORoCBI0QAvD_BwE.

[22] Chiunque, in assenza di esigenze terapeutiche, cagiona una mutilazione degli organi genitali femminili (clitoridectomia, escissione, infibulazione e qualsiasi altra pratica che cagioni effetti dello stesso tipo) è punito con la reclusione da 4 a 12 anni. Chiunque, in assenza di esigenze terapeutiche, provoca, al fine di menomare le funzioni sessuali, lesioni agli organi genitali femminili diverse da quelle indicate al primo comma, da cui derivi una malattia nel corpo o nella mente, è punito con la reclusione da 3 a 7 anni.

Michela Murgia[23] raccoglie nel libro *Stai zitta* una serie di frasi rivolte comunemente alle donne.

Tra queste c'è anche la domanda, che non viene mai rivolta a un uomo: "Come fai a conciliare il lavoro con la famiglia?" È fin troppo evidente che il grande lavoro di cura che viene richiesto da sempre alle donne incombe su di loro e le limita. Secondo un report de *Il Sole 24 Ore*, l'81% delle donne si fa carico delle responsabilità di accudimento della famiglia, quotidianamente; la percentuale che coinvolge gli uomini è del 66%.

Sono ben 15 punti di distanza e poco o niente è cambiato dal 2007, in questo senso.[24] Per questo, l'Unione Europea ha introdotto il congedo parentale con la Direttiva 2010/18/UE, di cui possono usufruire sia il padre che la madre. Nell'ottica di una vera parità, infatti, se la donna resta troppo tempo a casa dal lavoro, può perdere in termini di competenze acquisite e guadagni.[25]

5.5: Garantire piena ed effettiva partecipazione femminile e pari opportunità di leadership ad ogni livello decisionale in ambito politico, economico e della vita pubblica

Il settore in cui la parità di genere tra donne e uomini è più lenta e difficile a diffondersi è quello della direzione d'impresa.

Sebbene il numero di donne stia aumentando nelle posizioni di media responsabilità delle aziende, il divario di genere cresce con l'aumentare del livello professionale e della responsabilità: è il cosiddetto "soffitto di cristallo", una cupola invisibile che tiene lontane le donne dai vertici. L'Index GCI è un indicatore che permette di valutare tale fenomeno (fig. 6).

[23] M. Murgia, *Stai zitta*, Einaudi 2021.

[24] Maria Concetta Tringali, *Parità tra uomini e donne, l'Italia va avanti piano*, https://alleyoop.ilsole24ore.com/2021/10/28/eige-indice-uguaglianza-genere-2021/.

[25] Per un'analisi del congedo parentale in Italia e in Europa, cfr. Valeria Viale e Rosita Zucaro, "I congedi a tutela della genitorialità nell'Unione Europea", *Working Paper ADAPT*, 10 aprile 2015, n. 175.

Figura 6. GCI Index

Secondo l'ultimo report "Women in business 2021", ricerca effettuata a livello globale su circa 5.000 imprese del mid-market in 29 nazioni tra cui l'Italia, da Grant Thornton, network globale che si occupa di consulenza e revisione per le imprese, proprio nel nostro Paese, seppur si registri una lieve crescita delle quote rosa ai posti di comando, si è ancora indietro rispetto alla media mondiale.[26] È proprio la politica il campo in cui si registra una maggiore apertura grazie all'obbligo di riservare alle donne una certa percentuale di seggi in parlamento e nelle amministrazioni locali.

[26] Cfr. https://tg24.sky.it/economia/2021/02/23/donne-dirigenti-aziende-2021-dati-italia-mondo#:~:text=Con%20la%20crisi%20parit%C3%A0%20di%20genere%20pi%C3%B9%20lontana&text=Inoltre%2C%20sempre%20sul%20mercato%20globale,'87%25%20nel%202020).

Alla guida dell'Europa c'è un trio di donne dopo che Roberta Metsola è diventata presidente dell'Europarlamento affiancando Ursula van der Leyen al comando della Commissione e Christine Lagarde al vertice della BCE. Tuttavia, è dai paesi in via di sviluppo che viene una grande lezione di inclusione. Secondo i dati dell'Unione interparlamentare mondiale, i più recenti del 2022, si scopre che **lo Stato che conta più donne politiche nel proprio Parlamento è il Ruanda con il 61,3%.** Ma anche il Paese secondo in classifica è una sorpresa: è **Cuba** con il 53,4% dei propri rappresentanti donne. Al terzo posto un altro Paese inaspettato: il **Nicaragua** con il 50,6% di parlamentari donne.

5.6: Garantire accesso universale alla salute sessuale e riproduttiva e ai diritti in ambito riproduttivo, come concordato nel Programma d'Azione della Conferenza internazionale su popolazione e sviluppo e dalla Piattaforma d'Azione di Pechino e dai documenti prodotti nelle successive conferenze.

La Convenzione internazionale per l'eliminazione di tutte le forme di discriminazione nei confronti delle donne (CEDAW), adottata nel 1979, e la Piattaforma d'azione approvata alla Conferenza di Pechino, nel 1995, hanno svolto un ruolo importante nel sostenere e fondare le richieste dei movimenti femministi contemporanei e hanno spinto i governi ad affrontare in maniera decisiva le questioni legate alle disuguaglianze di genere. Tuttavia, a quarant'anni dall'una e a venti dall'altra, il raggiungimento di una piena cittadinanza dei diritti è ancora per molte donne un miraggio lontano. La parità di genere è uno degli obiettivi più critici perché avrà certamente effetti a cascata sul raggiungimento degli altri. Tra questi ricordiamo: istruzione di qualità (Obiettivo 4), riduzione della povertà (Obiettivo 1), energia pulita (Obiettivo 7), riduzione delle disuguaglianze (Obiettivo 10), buona salute e benessere (Obiettivo 3), sconfiggere la fame (Obiettivo 2), acqua pulita e servizi igienico-sanitari (Obiettivo 6), lotta al cambiamento climatico (Obiettivo 13), lavoro dignitoso e crescita economica (Obiettivo 8). Il Rapporto 2019 sui progressi dell'Obiettivo 5 rispetto agli altri obiettivi, pubblicato da UN Women,[27] evidenzia la necessità di un approccio intersezionale e multisettoriale per garantire che nessuna donna o ragazza venga lasciata indietro. Analizzare la disuguaglianza di genere considerando il suo intreccio con altri assi di discriminazione (relativi a etnia, disabilità, stato economico e sociale), rende infatti visibili quelle forme di vulnerabilità che sono spesso assenti dalle statistiche ufficiali.

[27] Progress on the Sustainable Development Goals: The gender snapshot 2019.

Il Rapporto invita inoltre a considerare l'uguaglianza di genere come tema trasversale all'intera Agenda 2030 per lo sviluppo sostenibile, sottolineando come, senza parità di genere, siano a rischio anche tutti gli altri obiettivi. Il Rapporto di UN Women utilizza 53 indicatori che approfondiscono la relazione tra gli obiettivi di sviluppo sostenibile e la disuguaglianza di genere. Per ogni obiettivo viene illustrato l'effetto combinato di discriminazioni dovute all'etnia, alla disabilità, allo stato economico e sociale, alla collocazione geografica, e sono analizzate anche le radici strutturali delle disuguaglianze. Le donne e le ragazze hanno il 4% di probabilità in più rispetto agli uomini di vivere in estrema povertà, e un rischio del 10% più elevato di affrontare condizioni di insicurezza alimentare, come emerge dagli indicatori relativi all'Obiettivo 1 (sconfiggere la povertà) e 2 (sconfiggere la fame). Rispetto all'Obiettivo 3 (salute e benessere) il Rapporto indica che quasi 300 000 donne sono morte nel 2017 per complicazioni legate alla gravidanza e al parto e che nei Paesi in via di sviluppo solo il 61% delle nascite sono avvenute con l'assistenza di un/a professionista sanitario/a nel 2018. Le divisioni tradizionali dei ruoli di genere fanno sì che siano le donne e le ragazze a dover percorrere lunghe distanze per procurare l'acqua per le proprie famiglie (Obiettivo 6 - acqua pulita e servizi igienico-sanitari) e che, essendo le principali utenti di energia domestica, siano anche le più penalizzate dall'assenza di carburanti e tecnologie di cottura pulite (Obiettivo 7 - energia pulita e accessibile). Le donne appaiono inoltre sempre più vulnerabili agli effetti del cambiamento climatico, non a causa della loro incapacità o inferiorità, ma in ragione del loro status socioeconomico. Se il 70% delle donne nel mondo vive in condizioni di povertà, appare chiaro come esse siano colpite in maniera sproporzionata da eventi meteorologici estremi, perdita di produttività agricola, distruzione di vite e proprietà. Per l'Obiettivo 4 (istruzione di qualità), si rileva che le ragazze hanno meno possibilità di accesso a una scolarizzazione di qualità e si sottolinea come i maggiori tassi di analfabetismo aumentino la discriminazione anche in altri settori, fra i quali l'accesso al lavoro. Emergono infatti dall'Obiettivo 8 (lavoro dignitoso e crescita economica) importanti divari di genere nella partecipazione alla forza lavoro, che aumentano ulteriormente in seguito al matrimonio e alla gravidanza. In merito all'Obiettivo 9 (impresa, innovazione e infrastrutture), le donne sono solo il 28% dei ricercatori del mondo. Anche le politiche migratorie discriminatorie possono determinare maggiori condizioni di vulnerabilità per le donne, fino a limitare l'accesso al lavoro retribuito (Obiettivo 10 - ridurre le diseguaglianze). L'accesso alla formazione, alla tecnologia, alle risorse finanziarie, al processo decisionale politico e ai diritti della Terra rimane limitato per le donne a causa di pregiudizi persistenti.

In gran parte sono svilite, sottorappresentate e non valorizzate, pur essendo una risorsa cruciale di ogni sistema di organizzazione della vita quotidiana. Per trovare soluzioni sostenibili, è fondamentale riconoscere gli importanti contributi delle donne nei contesti locali, come responsabili delle decisioni, tutrici, parti interessate, esperte ed educatrici in tutti i settori. In un intervento programmatico di UN Women nel 2015 si chiarisce che «l'emancipazione femminile e l'uguaglianza di genere hanno un effetto catalizzatore sul raggiungimento dello sviluppo umano, del buon governo, della pace sostenuta e delle dinamiche armoniose tra l'ambiente e le popolazioni umane». Secondo il McKinsey Global Institute report (2015) inoltre, in uno scenario di «pieno potenziale» in cui le donne svolgano un ruolo identico nei mercati del lavoro rispetto agli uomini, il PIL globale potrebbe aumentare del 26% entro il 2025. A livello nazionale e subnazionale, devono essere elaborate politiche, progetti e programmi efficaci per la parità di genere, per garantire spazio e risorse a donne e uomini, per partecipare al processo decisionale in materia di sostenibilità; devono esserci investimenti in programmi a sostegno della parità di genere; investimenti in ricerca sui cambiamenti climatici che siano multilaterali, multisettoriali e partecipativi, per condividere i vantaggi reciproci, piuttosto che esacerbare le disparità esistenti. Non si tratta solo di organizzare e mobilitare le donne sul campo, ma di sensibilizzare e mettere a punto strategie per garantire l'attuazione degli obiettivi previsti e il monitoraggio dell'impatto del processo decisionale sulle persone. L'Obiettivo 5 appare quindi un tema centrale e di coordinamento, rispetto agli altri, per il raggiungimento sia della parità sia della sostenibilità. La Piattaforma di Pechino ha rappresentato un passo importante nel riconoscimento di queste interdipendenze, elaborandole in una serie di 12 aree critiche, ciascuna con propri obiettivi e con una serie di raccomandazioni specifiche per l'azione. In tal modo, essa ha rappresentato per venticinque anni e per diversi attori – governi, organizzazioni internazionali, associazioni di società civile – un punto di riferimento per realizzare interventi mirati a promuovere la parità di genere. L'uguaglianza tra uomini e donne è uno dei princìpi fondanti dell'Unione Europea. La parità compare per la prima volta nella legislazione europea nel 1957, nell'articolo 119 del Trattato di Roma – oggi articolo 141 CE – in cui veniva recepita la Convenzione n. 100 del 1951 dell'Organizzazione Internazionale del Lavoro (OIL) che regolava la questione lavorativa delle donne.[28] Con il Trattato di Amsterdam del 1997, la promozione della parità diventa una delle finalità perseguite

[28] Covassi B. (2017). L'impegno quotidiano della Commissione Europea per l'uguaglianza tra uomini e donne. In G. Pezzuoli, L. Seveso (Eds). 100 donne contro gli stereotipi per la scienza. Milano: EGEA.

dall'Unione Europea.[29] Per intervenire efficacemente, però, per ridurre le diseguaglianze, è necessario conoscere i dati. A tal fine sono stati sviluppati negli anni diversi indicatori, come il Global Gender Gap Report, introdotto dal World Economic Forum nel 2006, e l'indice sulla parità di genere sviluppato dall'European Institute for Gender Equality (EIGE). Quest'ultimo, in particolare, ha l'obiettivo di monitorare e misurare l'uguaglianza nell'Unione Europea e negli Stati membri. Si tratta di uno strumento che sintetizza la complessità dell'uguaglianza di genere come concetto multidimensionale. Il valore 1 rappresenta la totale disuguaglianza di genere e 100 rappresenta la piena parità di genere. Pertanto, fornisce una misura sintetica assoluta dell'uguaglianza di genere, facile da capire e da comunicare. Permette di valutare lo stato attuale e di misurare le disparità di genere e gli eventuali progressi nel tempo nei diversi Paesi europei, tenendo conto del contesto. Mostra i diversi risultati delle politiche nazionali e dell'UE per le donne e gli uomini, e sostiene lo sviluppo e l'attuazione di politiche basate sull'evidenza nel settore della parità di genere. È composto da otto domini: i primi sei (lavoro, denaro, conoscenza, tempo, potere, salute) sono aggregati in un *core index* mentre due domini satelliti (violenza e disuguaglianze intersezionali) permettono di fornire approfondimenti su questi specifici temi: la violenza contro le donne e l'interazione del genere con altri aspetti che possono influenzare le esperienze di vita di donne e uomini.

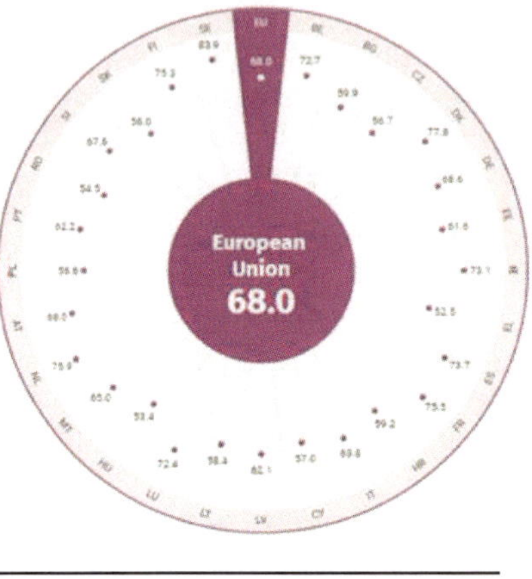

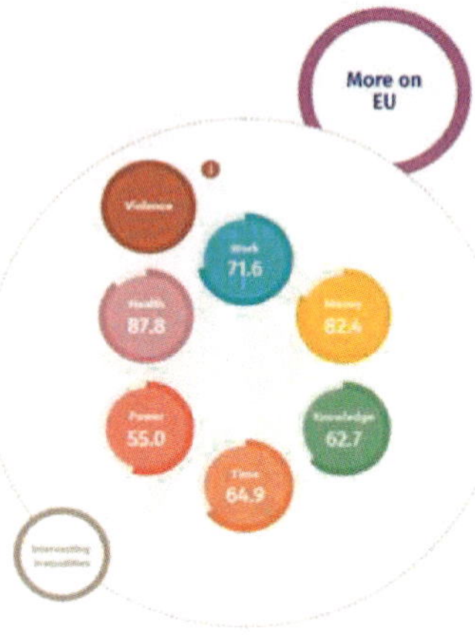

[29] Per la situazione europea cfr. https://www.eca.europa.eu/Lists/ECADocuments/SR21_10/SR_Gender_mainstreaming_IT.pdf.

Figura 7. EIGE 2021

Il valore rilevato per l'indice assoluto EIGE-GEI con riferimento all'Unione Europea è 68 su 100, e testimonia che siamo ancora lontani dalla meta. I valori dei vari Stati sono irregolari: varia dal 83,9 per la Svezia e il 77,8 per la Danimarca al 52,5 per la Grecia e 53,4 per l'Ungheria. L'Italia ha un indice di 63,8. Con riferimento ai domini, si può notare che potere è quello con il punteggio più basso, mentre l'UE è vicina alla parità di genere nei domini salute e denaro; il dominio tempo è l'unico che è diminuito negli ultimi 10 anni a testimonianza del fatto che le disuguaglianze di genere nel tempo dedicato a lavori domestici e di cura sono in aumento.[30] In conclusione, l'Indice sulla Parità di Genere EIGE-GEI conferma che i progressi nell'Unione Europea avvengono molto lentamente. Solo efficaci politiche di genere adottate dai governi e dalle istituzioni possono effettivamente portare a cambiamenti sostanziali e sostenibili.

L'obiettivo 5.6 presenta tre commi:

5.6a: Avviare riforme per dare alle donne uguali diritti di accesso alle risorse economiche così come alla titolarità e al controllo della terra e altre forme di proprietà, ai servizi finanziari, eredità e risorse naturali, in conformità con le leggi nazionali
5.6b: Rafforzare l'utilizzo di tecnologie abilitanti, in particolare le tecnologie dell'informazione e della comunicazione, per promuovere l'emancipazione della donna
5.6c: Adottare e intensificare una politica sana ed una legislazione applicabile per la promozione della parità di genere e l'emancipazione di tutte le donne e bambine, a tutti i livelli

Vorrei concentrarmi in particolare sul punto 5.b e sul 5.c.

I media hanno grandi potenzialità nel favorire le trasformazioni culturali necessarie a superare i tanti squilibri di genere che caratterizzano altri settori economici, la sfera politica e la società in generale; ma lo possono fare solo se riconoscono le situazioni di diseguaglianza nel mondo e al proprio interno, e si impegnano per trasformarle.

---

30 https://gender-spear.eu/news/38/the-eige-gender-equality-index-2021-is-out.

Negli ultimi cinquant'anni molti studi, nazionali e internazionali, hanno esplorato attraverso la lente del genere sia i contenuti dei media sia le loro strutture organizzative.

Hanno messo in risalto il persistere di problemi legati a sotto-rappresentazioni o rappresentazioni stereotipate delle donne nei linguaggi e nelle narrazioni mediatiche, come pure le condizioni disuguali di accesso alle professioni dei media; in particolare in rapporto alle possibilità per le donne – che pure studiano di più, si laureano con migliori voti e sono entrate in gran numero nelle aziende dell'informazione – di raggiungere ruoli apicali nelle strutture dirigenziali delle organizzazioni mediatiche.

Le donne sono ampiamente sottorappresentate nei contenuti mediatici. L'ultima edizione di uno studio noto a livello internazionale, il Global Media Monitoring Project (GMMP 2020)[31] mostra come la presenza delle donne come soggetti delle notizie sia aumentata solo nell'indicatore "crimine e violenza" del 4%, mentre per gli altri indicatori è in calo o stabile. Inoltre, la loro presenza è confinata a quelle che definiamo «soft news» come celebrità e questioni sociali, mentre le «hard news» di politica ed economia vedono una notevole sovra-rappresentazione dei colleghi maschi. La competenza delle donne è poco riconosciuta: solo nel 20% dei casi vengono interpellate nei notiziari come esperte o come portavoce di qualche forza politica.

Questo avviene in un contesto in cui le donne rappresentano ormai il 41,6% dei giornalisti[32], dato che indica una crescente presenza femminile nel settore dei media; tuttavia questo dato positivo si scontra con un persistente divario nelle retribuzioni salariali per le stesse mansioni. Una questione che sta destando crescente allarme, nel rapporto fra strumenti del comunicare e diseguaglianze di genere, riguarda la violenza, le minacce, gli attacchi verbali e non solo, che colpiscono le donne e le ragazze anche online, come hacking, sorveglianza, minacce di morte (fig. 8).

[31] https://whomakesthenews.org/gmmp-2020-final-reports/.

[32] Il (secondo) Rapporto Italiano sul giornalismo. Cfr. https://www.agcom.it/documents/10179/7278186/Documento+generico+29-03-2017/3c3b73a7-64ce-47e9-acf1-e0ae62fad01f?version=1.0.

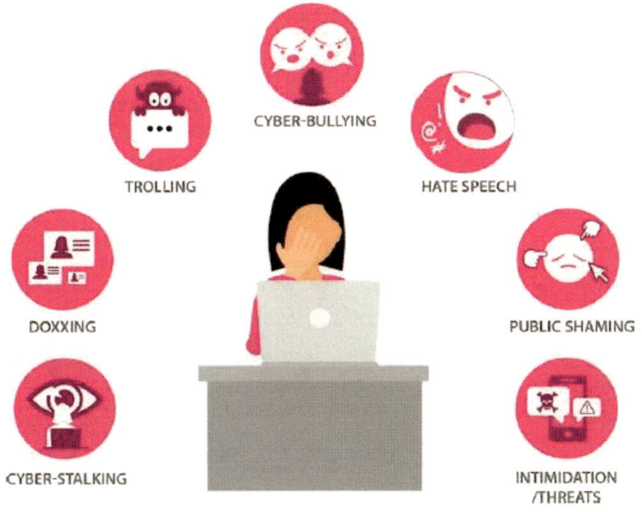

Figura 8. Pericoli della rete

Una situazione che si fa più critica per donne che sono anche figure pubbliche, come le giornaliste. Queste sono esposte a forme di abuso, tanto nei loro ambienti di lavoro che nell'esercizio delle loro funzioni specifiche, risultando così esposte a una doppia minaccia: come donne e come professioniste (OCSE 2016). La questione diviene ancora più seria se si prendono in considerazione le donne che «prendono parola» attraverso gli strumenti digitali: secondo uno studio della Federazione Internazionale di Giornalisti (IFJ 2018) il 48% di un campione di 400 donne giornaliste in 50 Paesi nel mondo ha subìto qualche forma di violenza e il 44% ha subìto forme di violenza online nell'esercizio del suo lavoro. Per quanto riguarda il nostro Paese, a oggi non ci sono dati specifici sulle esperienze di abuso online delle professioniste italiane, ma uno studio recente della Federazione Nazionale della Stampa Italiana ha rilevato che l'85% di oltre mille giornaliste intervistate ha sperimentato qualche forma di abuso o violenza nel corso della carriera (FSNI 2019). Quello che è ormai evidente è che il «discorso d'odio», le minacce, gli insulti nei confronti di donne – giovani e meno giovani, studentesse, professioniste o politiche – assume nella maggior parte dei casi connotazioni sessiste e violente, che hanno come conseguenza quella di costringere le donne fuori dallo spazio di discussione e di partecipazione, che sono elementi centrali per il raggiungimento degli obiettivi dell'Agenda 2030.

Sui diversi aspetti delle diseguaglianze che si producono attraverso i media, utile risorsa è costituita dalla piattaforma del progetto Advancing Gender Equality in Media Industries (AGEMI). La piattaforma contiene: una banca dati di buone pratiche internazionali; una serie di unità didattiche tematiche che comprendono video-lezioni e interviste con esperte disponibili in inglese, francese e spagnolo; una app per smartphone con cui svolgere semplici attività di monitoraggio delle informazioni in un'ottica di parità di genere.

Veniamo al punto 5b. I dati e le riflessioni sulle persistenti disparità di genere offerti in questa monografia evidenziano l'urgenza di interventi educativi che invitino le ragazze a fare loro le sfide del futuro, a essere cittadine di un pianeta sempre più interconnesso e a far valere una cultura della parità di diritti per una società più aperta, solidale e sostenibile. Nel mercato del lavoro odierno, le competenze di base non sono più sufficienti; sono richieste competenze trasversali, competenze analitiche e competenze STEM (Scienza, Tecnologia, Ingegneria, Matematica). Vi è un'offerta crescente di posti di lavoro legati alle STEM e opportunità di carriera per i/le giovani, in tutti i settori. L'occupazione giovanile, pertanto, rappresenta una questione economica che si lega alla giustizia sociale e al benessere globale. Da tempo si discute in che modo un accesso più ampio delle ragazze alle discipline STEM possa contribuire al loro empowerment, eliminando il divario di genere nell'istruzione e nello sviluppo delle competenze e fornendo opportunità di lavoro. Questo raccordo fra ragazze e STEM, auspicato ma ancora difficile da innescare a largo raggio, si fa molto interessante se declinato nella prospettiva degli obiettivi di sostenibilità dell'Agenda 2030. Bisogna, quindi, partire dall'istruzione, dall'educazione, dalla formazione.[33]

---

[33] Ad es. si segnalano qui alcuni progetti utili per motivare l'interesse delle ragazze per le STEM:

• Girls Into Global STEM – GIGS (http://www.gigsproject.eu): è un progetto Erasmus+ che ha l'obiettivo di migliorare il potenziale occupazionale delle giovani, motivando il loro coinvolgimento nelle discipline STEM attraverso la visione di un mondo più equo e sostenibile, come indicato dagli obiettivi dell'Agenda 2030.

• Gender4STEM (https://www.gender4stem-project.eu) è un'iniziativa volta a potenziare la presenza femminile nei percorsi educativi STEM e nelle relative carriere. Il progetto parte dall'analisi degli stereotipi che rendono questi percorsi poco attraenti per le ragazze, e raccoglie nella piattaforma Gender4STEM Teaching Assistant (https://edu.gender4stem- project.eu) diversi materiali educativi da utilizzare con studenti e studentesse della scuola secondaria (dagli 11 ai 18 anni).

Gli ostacoli che creiamo noi: come includere disabilità e neurodiversità a cura di Alessandra Servidori

Questa terminologia usata differentemente sia dall'autrice del libro che nei vari testi consente di avere il privilegio di far riflettere su una condizione più complessa della singola persona, che coinvolge quindi il contesto in cui ciascuno vive, sia per gli aspetti materiali che per gli aspetti relazionali, ma anche per le questioni storico culturali. Nella mia personale esperienza di insegnante (con specializzazione di sostegno alla diversità) nei percorsi di vita accanto a bambini giovani e adulti ho cercato di capire nelle varie occasioni in cui ho potuto assisterli in situazione di handicap quattro aspetti che mi consentono ancora oggi di affrontare il singolo caso e dunque di essere utile. Il primo riguarda la persona e l'individuazione del suo deficit, il secondo riguarda il contesto e gli ostacoli possibili; il terzo riguarda le relazioni d'aiuto necessarie a ciascun essere vivente, come valorizzare in particolare per chi è in situazioni di handicap le altre potenziali risorse che possiede e la necessità di accogliere la sfida dell'impegno a ridurre, insieme, gli handicap o neurodiversità o diversabilità. Ma è difficile oggi avere le idee chiare sul nome da utilizzare, idee valide, interessanti, positive. Ogni nome può ampliare la distanza, e con un nome invece si può valorizzare la comune appartenenza e quindi la vicinanza. Una diversabilità potrebbe prestarsi anche a una presa in giro. Ritengo importante dare dignità alla disabilità. È anche però importante capire il pericolo che può nascondersi, al di là delle migliori intenzioni, in una proposta che inevitabilmente contiene un atteggiamento di concessione: attribuire, quale che sia la reale possibilità, una diversa abilità a tutti ed a priori. Esistono disabilità e la sofferenza di non scoprire la propria abilità è forte. È una sofferenza che non può essere annullata per decreto – si potrebbe dire – o per nominalismo. Va rispettata condividendola nella ricerca di una diversa abilità, ma senza la certezza che tale ricerca arrivi al risultato. In giugno il decreto legge 36/2022 che ci auguriamo sarà convertito in legge , alle persone con disabilità o con disturbi specifici dell'apprendimento (DSA), in aggiunta a quanto già in vigore in termini di misure compensative, che devono essere garantite dalle Amministrazioni pubbliche nello svolgimento delle prove concorsuali per accedere al pubblico impiego, si aggiunge una ulteriore pietra dei diritti delle persone con disabilità e rafforzare quelle sempre più necessarie condizioni di parità sostanziale tra persone, anche mediante la valutazione della abilità residue del candidato con disabilità o DSA. La rivoluzione che, tuttavia, rappresenta un passo fondamentale nell'affermazione dei diritti delle persone con disabilità e con DSA, che spesso sono dei fantasmi per i quali le porte dei pubblici concorsi restano sovente socchiuse, si è compiuta con il supporto dell'esperto Francesco Comellini. Ora si spera che le porte del pubblico impiego si spalancheranno alle persone con disabilità e DSA, a beneficio di una Pubblica Amministrazione più aperta e inclusiva. Come noto la legge n. 68 /12 marzo 1999 prevede che l'iscrizione al collocamento mirato, che dà luogo nel pubblico impiego ad una chiamata diretta a copertura dei posti disponibili, sia condizionata al possesso di un livello minimo di capacità lavorativa residua, il cui accertamento è demandato a soggetti diversi, identificati dalla Legge, in base alla causa dell'invalidità stessa. Tali soggetti formulano una diagnosi funzionale della persona per determinare ciò che è effettivamente in grado di compiere. Tuttavia la "capacità" determinata dalla diagnosi è globale, complessiva, e quindi tale da non poter essere ricondotta solo alla sfera lavorativa della persona considerata. Per comprendere bene la dimensione del mondo del lavoro in cui si muovono le persone con disabilità nella ricerca di una occupazione, in attesa della recentemente annunciata banca dati sul collocamento mirato, occorre esaminare i dati ad oggi disponibili. Dalla IX Relazione al Parlamento sullo stato di attuazione della Legge 12 marzo 1999, n. 68, sulla base dei dati trasmessi dalle Regioni e dalle Province Autonome al Ministero del Lavoro e delle Politiche Sociali, gli iscritti all'elenco del collocamento mirato sul territorio nazionale sono passati dai circa 700mila nel 2006 agli oltre 900mila nel 2018, con un aumento costante nell'ultimo triennio. Nel 2018 si registravano in Italia 145.327 posizioni lavorative destinate alle persone con disabilità, non coperte. Vale a dire che la "quota di riserva", ovvero le posizioni che i datori di lavoro pubblici e privati sono tenuti per legge a riservare a persone con disabilità, pari a 501.880 occupati, risultava scoperta per il 29% dei casi. Questo, vuoi per le difficoltà a reperire i profili richiesti, vuoi per inadempienza delle organizzazioni, vuoi anche, per la mancanza di quella figura essenziale del Job Supporter, ovvero quella figura professionale assente da noi ma presente in altri paesi della UE, "in grado di gestire tutto il processo di inclusione lavorativa, dunque un professionista/operatore che conosca e sappia applicare tutta la normativa, si faccia carico di seguire la persona con disabilità in giovane età (durante l'ultimo anno del percorso scolastico) o in età adulta, fino all'inserimento lavorativo" , figura questa cui purtroppo non accennano nemmeno le recenti linee guida emanate dal ministero del Lavoro e dal ministero della Disabilità per "favorire", attraverso percorsi lavorativi, l'integrazione sociale e l'indipendenza delle persone con disabilità. Questo ci dovrà portare ad osservare la situazione da una angolazione differente, quella delle difficoltà incontrate da parte delle persone con disabilità iscritte al collocamento mirato nella ricerca attiva di un lavoro e, forse anche alla loro scarsa attitudine alla partecipazione ai concorsi pubblici i cui bandi non sempre appaiono inclusivi, ma questo devierebbe dallo scopo di questo articolo. Il principio della "abilità residua", introdotto dalla modifica legislativa operata con l'emendamento assume una rilevanza ampia, una accezione positiva, più profonda dunque della mera "capacità residua" per come certificata dalle commissioni competenti. Con l'introduzione delle "abilità residue" si sposta l'accento dalla "capacità" che "residua" nell'individuo con disabilità, ovvero dalla capacità di svolgere una determinata attività anche lavorativa, alla sua "abilità residua" che gli consente, in modo esclusivo e personalissimo anche se correlato alla sua particolare condizione di disabilità, di ricercare e sviluppare "abilità" che gli consentano di svolgere la funzione lavorativa. È un passo fondamentale nell'affermare l'individualità della persona e il suo diritto naturale alla piena e totale partecipazione alla vita sociale ed economica del Paese generando, per mezzo di quelle sue apprezzabili abilità residue, quel contributo lavorativo che, nel tradursi in valore economico, diviene il segno tangibile della sua autodeterminazione e realizzazione di un suo modello di vita indipendente. Dunque con la modifica legislativa operata si rafforza il diritto fondamentale all'autodeterminazione della persona nel nostro ordinamento giuridico e, nello specifico, quello della persona con disabilità a veder valorizzate le proprie abilità residuali in ambito lavorativo, in questo caso ai fini della partecipazione al concorso pubblico. Un fatto questo che apre nuovi scenari nel mondo del lavoro e sono certo nel dibattito degli addetti ai lavori. L'espressione 'portatore di handicap' va ritenuta confusiva: gli handicap sono svantaggi da ridurre, e quindi non potevano e non possono essere portati, incollati o saldati all'individuo che ne soffre. Ho notato che nei documenti ufficiali si riprende questa espressione con una evidente sottovalutazione dell'espressione linguistica e del suo significato, e anche con una altrettanto evidente contraddizione perché è il nostro paese ad aver sottoscritto la nuova classificazione proposta dall'OMS che riguarda il funzionamento, la salute e la disabilità. Sottoscrivere documenti e poi non capirne la portata sembra essere, però, un atteggiamento consueto, vagamente schizofrenico sul piano politico-culturale e soprattutto molto leggero per le conseguenze che esso comporta. Di documenti, quindi, se ne possono sottoscrivere molti senza nessuna preoccupazione di renderne poi merito e di averne quindi un riscontro nelle buone pratiche. Anche l'espressione buone pratiche ha avuto un successo non collegato alla comprensione di ciò che si intende: essa non riguarda le buone azioni, non gli esempi migliori e più belli, ma le buone organizzazioni che possono essere estese senza emarginare i fallimenti o i tentativi falliti per non riprodurli. In sintesi, questo è il significato dell'espressione, e gli altri sono incomprensioni, superficialità e leggerezza. Ragionare sulle parole non è un problema nominalistico: fa parte di una possibilità che le parole rispettino una prospettiva e diventino quello che dovrebbero essere: i segnali che ci orientano verso una meta. E la prospettiva è quella della vicinanza, dell'essere insieme, dell'avere delle responsabilità condivise, del potere essere compagni di strada di persone che hanno alcune disabilità. Queste sono da considerare disabili, che non portano un handicap ma combattono per ridurlo, per annullarlo. Hanno però, come tutti, dei dati irreversibili; tra questi – a differenza delle persone che non hanno disabilità – vi è un deficit: un dato irreversibile la cui accettazione è importante quanto difficile. E perché una persona possa accettare il deficit, di cui è fatta la sua vita, ha bisogno di essere insieme agli altri, con le modalità con cui gli esseri umani stanno insieme ma anche utilizzando le parole. Che devono rappresentare un impegno: nelle parole c'è un impegno ed è in questo che riconosciamo l'importanza della possibilità di dire o non dire, e non di dire qualsiasi cosa o di non dire qualsiasi cosa. Disabilità è la parola che in questo contesto uso, e considero diversabilità come una sfida importante ma non una parola sostitutiva. L'identità è plurima. Diversamente è un'amputazione o una prigione, una discriminazione. Vi è continuamente il rischio che la stessa persona si identifichi o sia identificato esclusivamente e totalmente al suo deficit. Vi è la necessità di un tempo, anche lungo, per scoprire che chi porta un bisogno porta anche una risorsa. Questo è un elemento che ha dei riflessi di carattere economico importanti per capire la necessità di stabilità delle figure professionali e competenti che dovrebbero avere la possibilità di avere una strategia da sviluppare del contesto in cui scoprire gli appoggi di cui una persona può avere bisogno. Questo significa incontrare un'altra dimensione del tempo e quindi un'altra necessità perché un bambino ha bisogno di un aiuto molto diverso dall'uomo adulto. Per esempio, i servizi igienici delle scuole, in Italia, spesso sono rimasti gli stessi che si presentavano prima delle presenze diffuse di persone con bisogni particolari. La modifica dei contesti può portare all'assunzione di responsabilità distribuita, e non solo di carattere giuridico amministrativo. Vi è la necessità di modificare un contesto tenendo conto di quelle che sono le finalità del contesto stesso, e quindi non perdendone gli scopi Il contesto scolastico ha precise finalità che non possono essere dimenticate nell'eclisse che la presenza di una o più persone con bisogni particolari possono provocare. Ancora una volta la scuola diventa il luogo evocativo, in una rappresentazione dell'integrazione che va oltre la scuola, per la sua caratteristica principale che potrebbe essere quella dello studio per conoscere. Il tempo è necessario per conoscere e decidere, ma anche per stare attenti a prendere le decisioni che consentano di conoscere e non impediscano la stessa conoscenza, la distribuzione dell'orario o una organizzazione dello spazio può portare a migliorare le condizioni di conoscenza, oppure impedirla. Così il contenimento dell'aggressività può essere fatto, ed è necessario farlo, tenendo conto che i modi con cui si realizza possono essere tali da consentire un miglioramento delle nostre reciproche conoscenze, o tali da impedire le conoscenze. Non sempre chi è fruitore di un servizio scolastico ha poi delle possibilità, nella sua abitazione, o in altri luoghi, di avere le condizioni giuste per vivere dignitosamente e questo può essere un elemento che crea handicap, e sicuramente non riduce handicap. Di che cosa può avere bisogno un handicappato, uomo o donna, bambino o bambina, per ridurre l'handicap, per ridurre gli svantaggi? Sicuramente di molte cose che non possono essere generalizzate, ed è proprio questo che ci fa dire che ha bisogno del riconoscimento della sua originalità. La persona non può essere identificata con il deficit. Il riconoscimento di originalità è importante. Scoprire originalità è possibile insieme: ha quindi bisogno di aiuti nella reciprocità e non di interferenze. Chi sta organizzando i propri movimenti per salire uno scalino fornisce forse a chi è spettatore un'immagine di fatica che non è detto vi sia, e questa può portare a scambiare l'aiuto con l'interferenza, e quindi a sollevare la persona che sta organizzando i propri movimenti per non vivere una continua dipendenza, e trasportarla oltre lo scalino è sbagliato. Se, ad esempio, la scrittura manuale risulta estremamente lenta e povera di risultati, mentre con il computer porta un risultato che permetta un incremento di autostima, è meglio usare il computer, questo anche se la mano dovesse rimanere meno abile. Vi è la necessità di poter sbagliare ed essere rispettati. Se ogni attività, ogni gesto anche minimo, viene vissuto come un percorso di riabilitazione in cui l'errore significa quasi la catastrofe, non vi è l'adattamento originale dei movimenti, delle azioni, e non vi è la scoperta delle strategie individuali. La possibilità di sbagliare è legata alla necessità che, soprattutto chi cresce, bambino o bambina, ha di capire la differenza tra errori fattibili ed errori che porterebbero a conseguenze estreme. La riduzione di handicap incontra e vive oggi una problematica ampia, che si alimenta della riflessione - a volte del dibattito, dell'accesa disputa - sulle questioni della bioetica e su tante questioni come le neuro diversità relativamente alla garanzia di benessere individuale nei confronti del quale sembrerebbe tutto possibile. È talmente ovvio che ogni persona sia profondamente diversa che spesso però lo dimentichiamo, dando a tutte/i la stessa cosa, la stessa spiegazione, lo stesso libro, gli stessi tempi, le stesse modalità di apprendimento e strumenti di sostegno. Se vogliamo davvero muoverci verso l'universalità dovremmo essere ossessionati dallo scoprire, comprendere e valorizzare in ogni modo le differenze. Ognuno è un mondo a sé, ma è anche una parte essenziale della nostra squadra, la classe, la scuola, la comunità.

Le differenze sono la normalità, sono la biodiversità che arricchisce gli ecosistemi dove si apprende e ci si relaziona: anche se alcune sono difficili, scomode, incomprensibili all'inizio. A cominciare dalla scuola e dai servizi socio sanitari bisogna sistematicamente affrontare uno studio costante delle differenze tra bambini e adulti, perché si evolvono, cambiano con il cambiare rapido di una società più veloce di ogni tempo. Un passo concreto poi è quello dell'arricchimento «interno» delle proposte normali, per renderle efficaci per una gamma più ampia possibile di persone. Questo arricchimento, dove solo la nostra fantasia e le concrete possibilità tecniche sono dei limiti, crea un aumento della normalità, che non la riduce, non la scompone, ma la esalta aggiungendo forme di input significativi per chi affronta quella situazione. Certo dobbiamo essere disponibili a «manipolare» le realtà normali, con tanta fantasia creativa e rispetto dell'originale, ma è meglio aumentare graficamente una poesia piuttosto che semplificarla, cambiando il lessico. Ma tutto questo lavorio si fa tenendo conto delle differenze individuali, non è certo un'operazione standard, uguale per tutti. Un passo concreto verso una strategia universale è quello della pluralità delle occasioni di apprendimento, dell'offrire una gamma il più ampia possibile di situazioni in cui apprendere e partecipare socialmente. I gruppi mobili, eterogenei sono una squadra che si muove verso finalità comuni, verso famiglie di competenze che dovrebbero avere un senso per chi frequenta una comunità scolastica o sociale, non può disgregarsi in una frammentazione di attività individuali e isolate, ovvio. Ma se vogliamo che ognuno sviluppi il massimo del suo potenziale, deve trovare attività che rispondono bene alla sua situazione. Una condizione necessaria per questo passo di apertura è la conquista di sempre più spazi fisici dove creare varie stazioni di lavoro. Anche liberando spazi tradizionali all'aperto, le attività negli spazi comuni, considerando le leggi sulla sicurezza o simili, ma all'immobilismo è preferibile un po' di sana trasgressione. La libertà di scegliere per esempio è una condizione essenziale e il tipo di attività, materiale, che si fonda su responsabilità e autoconsapevolezza metacognitiva nella persona disabile che è frutto di un percorso anche lungo e graduale. La libertà di lasciar scegliere in libertà si fonda anche su una situazione psicologica dell'operatore che accetta di «perdere il potere», di «perdere il controllo», che sa vivere l'ansia (e magari il senso di colpa) del «riuscirò a fare tutto?» Questa tranquillità psicologico professionale non è semplice da raggiungere e va coltivata negli anni, gradualmente, ma con la fiducia nella maturità nostra e delle persone con le quali vivi. Punto a superare l'inclusione «stretta» per una comunità davvero più inclusiva nel suo senso più ampio.

Con questo orizzonte ben chiaro ho però la necessità di analizzare e sviluppare anche altri temi collegati, e precisamente quelli della valutazione continua dei processi inclusivi delle nostre comunità e delle nuove possibilità di fornire il necessario supporto ma questa della valutazione è un'altra storia e sfida e la analizzeremo in un altro libro. Chiudo questa riflessione per il libro di Marcella con un passaggio essenziale. La società ha l'obbligo di provvedere tramite la politica e la legislazione, alla formazione di un uno scenario culturale, ambientale ed economico, affinché la soddisfazione del disabile sia legata al suo individuale vissuto (la dimensione dell'illesa) attraverso un supporto sociale adeguato. Ad esempio lo strumento dell'ICF (Classificazione Internazionale delle Funzionalità e della Salute 2001) rovescia le precedenti normative concezioni di salute e malattia: l'intento è descrivere lo stato di benessere delle persone in relazione al contesto di vita, non la salute della persona o essa stessa, al fine di identificare i fattori socioculturali che inficiano la qualità della vita stessa dell'individuo. La Classificazione Internazionale delle Malattie dell'OMS (2001) si caratterizza per una visione omnicomprensiva del concetto di disabilità, non solo contrapposto dicotomicamente a quello di malattia e anche di salute, ma composto di un ingrediente sfumato che oscilla continuamente tra quello che può definirsi uno stato di salute e di malattia. In tal modo la malattia e la disabilità sembrano non essere più connotate dalla devianza, rispetto all'utopico concetto di salute. Per esempio ogni caso di neuro disabilità al pari della disabilità, si tramuta allora in una condizione di salute in un ambiente sfavorevole. Considerando che gli stessi fattori che determinano la salute agiscono influenzando in varia misura il benessere di una persona, col modello io-psico-sociale si genera idealmente un allineamento tra il concetto di individuo sano e non, in virtù del fatto che la persona che ha problemi neurologici vada considerato alla stregua di tutte le altre persone categorizzate come sane, malate o anche disabili. Se quello stato di salute ottimale imposto dalla condizione normativa dell'OMS non potrà mai essere raggiunto, questo non significa che le azioni della società non possano avere impatto alcuno nel determinare il benessere e la soddisfazione nella vita di queste persone. Il pregiudizio sedimentatosi storicamente nella coscienza collettiva si alimenta anche all'interno delle istituzioni scolastiche odierne e si trascina sui luoghi di lavoro e tra la società, che attraverso una qualificazione migliore del corpo docente e delle risorse umane sui luoghi di lavoro potrebbero migliorare la comprensione e la gestione del fenomeno della neuro diversità in concordanza con l'operato delle strutture di neuropsichiatria impegnate in un'ottica di lavoro di équipe multidisciplinare.

La creazione di una rete socialmente costruita potrebbe essere la dimensione privilegiata per sostenere oltre che il minore e l'adulto e la famiglia di quest'ultimo, considerando in modalità prioritaria gli elementi sociali e il ruolo coesivo delle reti. L'approfondimento sull'educazione e sulla socializzazione chiama in causa attori nazionali e sovranazionali, oltre che la famiglia, i quali concorrono alla determinazione delle politiche di inclusione e integrazione degli alunni con difficoltà e possono contribuire a fare la differenza, in positivo o in negativo, in termini di salute nella persona. Le parole inclusione ed esclusione evocano concetti legati alla discriminazione, rimandano a due poli opposti di significato oscillanti tra la partecipazione e l'isolamento. Se si va oltre il significato dei termini non basta ancorarsi all'idea di un modello di inclusione nell'istituzione educativa e sociale pubblica, bisogna considerare in via prioritaria le necessità reali che le persone e le loro famiglie debbono soddisfare in termini formativi, evolutivo sociale. La dimensione umana è quella che va considerata in maniera prioritaria nello sviluppo evolutivo della persona, se si vogliono progettare e ripensare i modelli organizzativi in qualsiasi ambito, educativo, assistenziale e comunitario.

Un'integrazione utile, secondo la scrivente, sarebbe quella di dedicare agli alunni cosiddetti normodotati un'educazione all'accettazione e al rispetto per le persone con neuro diversità e magari insegnare loro come poter efficacemente comunicare e socializzare con questi ultimi. Inoltre sarebbe necessario inserire anche nei testi scolastici la Convenzione ONU per i diritti delle persone disabili, al fine di sensibilizzare gli studenti alla tematica sociale che li coinvolge. E così anche sui luoghi di lavoro dove si può condividere in forma associativa il diversità manager. L'istituzione scolastica e l'azienda si relaziona anch'essa con il marchio infuocato dello stigma generato dalla diversità, ridurre questo elemento limitante sarebbe un'evoluzione che in prospettiva muterebbe le modalità relazionali in positivo. In buona sostanza ma senza presunzione di completezza, le stesse modalità di osservazione partecipante si potrebbero applicare anche in altri campi, come ad esempio quello dei servizi sanitari e sociali territoriali, per approfondire le relazioni tra gli attori nei loro punti di forza e debolezza al fine di poter in futuro ripensare e ristrutturare quelle pratiche che necessitano di essere riviste e rielaborate in concomitanza con i cambiamenti di una società complessa come quella attuale.

Branding: per essere unici bisogna essere diversi. La costruzione di un prodotto cognitivo passa per l'Humanity a cura di Simona Ruffino, Brand strategist & Neurobrand specialist

Fare branding significa costruire l'identità profonda di un'impresa. Vuol dire considerare l'impresa stessa una parte attiva del mondo in continua evoluzione. Vuol dire tenere a mente che le persone non sono meri consumatori, ma entità che scelgono e che hanno percezioni, emozioni, sentimenti, giudizi.

Molte imprese tutto questo non lo hanno ancora compreso considerandosi produttrici di beni da dover vendere a qualcuno. Negli ultimi decenni gli studi in campo di marketing e comunicazione hanno dimostrato come un approccio neuroscientifico sia di maggiore efficacia per le aziende. Senza entrare troppo nei tecnicismi possiamo asserire che il marketing tradizionale – quello cioè basato sostanzialmente sui numeri – non è più sufficiente a portare benefici alle imprese. Lo stesso **Kotler** ha intitolato la sua ultima pubblicazione "Marketing 5.0, tecnologie a servizio dell'umanità." Per questo lo **human marketing**, il **neuromarketing** ed il **neurobranding** sono gli approcci più certificati di quest'epoca. Già, in un tempo in cui l'offerta supera di gran lunga la domanda la parola d'ordine per i brand è **differenziazione**. Non solo nell'ottica del product, ma nella maniera di abitare la società e di gestire le proprie risorse umane. Le scelte delle persone si sono fatte sempre più consapevoli, le prese di posizione da parte dei brand sono sempre più una discriminante di selezione, le battaglie intraprese attraverso il brand activism e la brand purpose sempre più ancoraggio determinante nei processi di attenzione e di acquisto.

Per questo, chiunque voglia fare impresa deve essere educato a non limitare la propria imprenditoria ai processi produttivi, ma a profilare un percorso dedito alla complessità che è, però, in grado di garantire la costruzione di un **prodotto cognitivo** di grande valore. Costruire un prodotto cognitivo vuole dire ambire alla percezione positiva da parte degli esseri umani del nostro prodotto, del nostro brand e di tutta l'esperienza ad esso collegata.
Il nostro cervello decodifica ogni stimolo che riceve e inserisce quell'input all'interno di una categoria di giudizio.

Ogni volta che comunichiamo contribuiamo alla realizzazione del prodotto cognitivo: per questo è fondamentale che ogni step, dalla brand identity, ai packaging, agli spot, alla creatività, fin arrivando alla esperienza in store siano ottimizzate con lo scopo di creare questo filo percettivo positivo che si trasformerà in giudizio. **Mettersi all'ascolto è l'attività costante da compiere**. Ascoltare i bisogni delle persone, comprendere come costruire i propri prodotti e come comunicarli. Abbracciare, nemmeno tanto virtualmente, i pensieri e le azioni di chi oggi considera i brand (piccoli o grandi che siano) come bandiere portavoce di idee e ideali. Per questo l'humanity è un aspetto prioritario: sollecita le trasformazioni e organizza attività di monitoraggio affidabili affinché i processi di differenziazione e posizionamento rispetto ai competitor siano percorsi potenti e vantaggiosi. Il significato di Umanità indica la somma dei caratteri essenziali e distintivi della specie umana ed anche nelle attività di comunicazione e marketing non si può prescindere dalla platea a cui offriamo la nostra visione, né tanto meno smettere di considerare l'umanità il soggetto e l'oggetto del nostro lavoro. Sminuire il concetto di pubblico, o ancora peggio, ridurlo a quello di target implica una anacronistica disattenzione nei confronti di un assioma primordiale: siamo, pensiamo, compriamo, produciamo per le persone. La comunicazione non è un esercizio di stile, ma l'applicazione rigorosa dell'attitudine umana. Tutto comunica. Bene o male. Tutto crea percezioni, giudizi ed emozioni. Comunicare è un'opportunità per dare valore a tutto quello che facciamo. Vuol dire costruire un universo di senso tra e per le persone, anche quando il mittente della comunicazione è un brand. Ovviamente, sebbene possa sembrare una banalità, è fondamentale che le aziende facciano alla loro platea promesse che siano capaci di mantenere. Ogni azienda può essere in grado di dichiarare intenzioni preziose, ma troppe volte ancora accade che vi sia una mancata corrispondenza tra le dichiarazioni e le azioni. Creare consapevolezza di questi principi in ogni segmento aziendale rende più fluidi i processi e consente anche di motivare e di rendere più partecipative le risorse interne che avranno sposato la vision e la mission aziendale.

Scannerizza il Qr Code:

Capitolo 2
Equity

Introduzione a cura di Marcella Loporchio

Il concetto di equità ha radici antiche e ha attraversato diverse epoche storiche, dalle antiche società egizie e greche alla rivoluzione industriale e alle società moderne. Nel corso della storia, molte lotte sociali e politiche sono state condotte per l'uguaglianza di diritti e opportunità, dall'abolizione della schiavitù alla lotta per i diritti delle donne e delle minoranze. Tuttavia, è solo con l'adozione della Dichiarazione Universale dei Diritti Umani nel 1948 che il concetto di equità è stato formalmente riconosciuto a livello internazionale. La Dichiarazione stabilisce che "tutti gli esseri umani nascono liberi ed eguali in dignità e diritti" e che "ognuno ha diritto a tutti i diritti e libertà enunciati nella presente Dichiarazione, senza distinzione alcuna". Questo ha rappresentato un passo fondamentale nella lotta contro la discriminazione e per la promozione dell'equità. Nel 1965, l'Assemblea generale delle Nazioni Unite ha adottato la Convenzione per l'eliminazione di ogni forma di discriminazione, che stabilisce l'obbligo per gli Stati parti di prendere misure efficaci per eliminare la discriminazione in base a razza, sesso, lingua, religione e altri fattori. Questa Convenzione rappresenta un importante strumento per promuovere l'equità e la parità di opportunità a livello internazionale.

Tuttavia, l'attuazione di questi documenti internazionali nei singoli paesi spesso rimane una sfida. Le disuguaglianze e la discriminazione persistono in molte società e ci sono ancora molte barriere da superare per raggiungere una vera equità. La definizione di equità si declina in una società dove tutti hanno le stesse possibilità di successo, indipendentemente dalle loro origini, età, genere, orientamento sessuale, abilità o situazione economica. Inoltre, gli sforzi per promuovere l'equità devono essere continuamente monitorati e adattati per tener conto delle mutevoli condizioni sociali e politiche. L'equità è un principio fondamentale per una società giusta e solidale. Significa che tutte le persone hanno le stesse opportunità e possibilità per raggiungere il proprio pieno potenziale, indipendentemente dalle loro origini, età, genere, orientamento sessuale, abilità o situazione economica. Purtroppo, la realtà è molto diversa.

Nel nostro mondo, le disuguaglianze si riscontrano in molte forme, dalla disparità di reddito alle discriminazioni razziali, dalla mancanza di accesso all'istruzione alla violenza di genere. In questo capitolo, esploreremo alcune delle principali sfide per l'equità nella società odierna e come queste influiscono sulla vita delle persone. Discuteremo inoltre le possibili soluzioni per affrontare questi problemi e come promuovere una maggiore equità nella società. In particolare, esploreremo le politiche e le pratiche che possono contribuire a creare una società più equa e inclusiva, dalla redistribuzione del reddito all'educazione interculturale. Il nostro obiettivo è quello di fornire una comprensione più profonda delle questioni relative all'equità e delle azioni che possiamo intraprendere per migliorare la società per tutti.

Ci sono diverse politiche e pratiche attuali che promuovono l'equità e le opportunità di successo. Alcune di queste sono:

- Redistribuzione del reddito: Le politiche fiscali progressiste e la redistribuzione del reddito possono aiutare a ridurre le disuguaglianze economiche e migliorare le opportunità per le persone a basso reddito. Ad esempio, l'aumento del salario minimo, l'istituzione di programmi di welfare sociale come l'assistenza sanitaria universale e l'istruzione gratuita possono contribuire a ridurre la povertà e migliorare le opportunità per le persone a basso reddito.
- Educazione interculturale: L'educazione interculturale promuove la comprensione e il rispetto delle differenze culturali e aiuta a prevenire la discriminazione. Inoltre, l'educazione interculturale può aiutare a promuovere l'uguaglianza di opportunità per le minoranze etniche e culturali. Ci sono molte scuole e programmi educativi che promuovono l'educazione interculturale per aiutare i giovani a comprendere e rispettare le differenze culturali. Ad esempio, in Francia, l'educazione interculturale è stata introdotta nelle scuole per aiutare gli studenti a comprendere e rispettare le differenze culturali e per prevenire la discriminazione.
- Parità di genere: Le politiche e le pratiche che promuovono la parità di genere, come la promozione dell'occupazione femminile, la parità salariale, e la protezione contro la violenza di genere, possono aiutare a ridurre le disuguaglianze di genere e migliorare le opportunità per le donne. La legge italiana vieta la discriminazione di genere nelle aziende. Inoltre, le aziende sono obbligate a garantire la parità salariale tra uomini e donne per lavori equivalenti.

Ci sono molte iniziative per promuovere la parità di genere e combattere la discriminazione di genere. Ad esempio, in molte aziende, ci sono politiche di parità salariale per garantire che le donne siano pagate allo stesso modo degli uomini per lo stesso ruolo.

- Diritti delle minoranze: le politiche e le pratiche che promuovono i diritti delle minoranze, come la protezione contro la discriminazione razziale e l'uguaglianza di opportunità per le minoranze etniche e culturali, possono aiutare a ridurre le disuguaglianze e promuovere l'equità per le minoranze.
- Accesso alla sanità: l'accesso universale alla sanità è essenziale per garantire che tutte le persone abbiano le stesse opportunità per mantenere la loro salute e benessere.
- Accesso all'abitazione: le politiche che promuovono l'accesso all'abitazione a prezzi accessibili possono aiutare a ridurre le disuguaglianze economiche e migliorare le opportunità per le persone a basso reddito.
- Aumento del salario minimo: in molte regioni e paesi, ci sono iniziative per aumentare il salario minimo per aiutare le persone a basso reddito a mantenere un tenore di vita dignitoso. Ad esempio, in alcuni stati degli Stati Uniti, il salario minimo è stato aumentato a livelli più elevati rispetto al minimo federale per aiutare le persone a coprire i costi di base.
- Programmi di welfare sociale: in molti paesi ci sono programmi di welfare sociale che aiutano le persone a basso reddito a coprire i costi di base come il cibo, l'alloggio, e le cure mediche. Ad esempio, in paesi come Norvegia, Danimarca, Finlandia e Svezia, l'assistenza sanitaria è universale, cosa che permette a tutti i cittadini di avere accesso alle cure mediche di cui hanno bisogno.
- Disabilità: le aziende italiane sono obbligate a garantire l'accessibilità e l'inclusione per le persone con disabilità. Ciò può includere l'installazione di rampe per le sedi delle aziende, l'utilizzo di software di supporto per non vedenti e non udenti, e la creazione di posti di lavoro adattati alle esigenze delle persone con disabilità.
- Etnia e origine: la legge italiana vieta la discriminazione in base all'etnia e all'origine. Le aziende sono obbligate a garantire l'uguaglianza di opportunità per tutti i dipendenti, indipendentemente dalle loro origini etniche o culturali.
- Parità di opportunità: le aziende italiane sono obbligate a garantire la parità di opportunità per tutti i dipendenti, indipendentemente dalle loro origini, età, orientamento sessuale o situazione economica.

Ma nonostante questo la strada è ancora lunga da percorrere. Si procede realizzando spezzoni del processo globale e questo porta, inevitabilmente, a ulteriori divisioni che davvero poco hanno di equità o di parità

Volti, popoli, culture: i diritti delle persone

Eppure, oggi dovremmo essere abituati alla diversità dato che oramai la nostra società costituisce una realtà multiculturale ovvero raccoglie al suo interno persone con caratteristiche fisiche, abitudini e cultura tra loro differenti. Facciamo subito una precisione lessicale perché, come abbiamo già visto sopra, la discriminazione inizia dalle parole.

Preferisco utilizzare in questa monografia il termine multiculturale e non "multietnico" anche se il concetto di "etnia", seppur bandito dall'antropologia moderna,[34] fa ancora parte dell'uso comune. Agli inizi del Novecento, in seguito al fortunato libro di Israel Zangwill, *Melting pot*, si fece uso di questo termine per definire la società americana costituita, appunto, da un "crogiolo" di gruppi umani differenti fusi tra loro come in un pentolone.

Dagli anni Sessanta in poi, si cominciò a notare l'inesattezza di questa espressione che venne progressivamente sostituita con *salad bowl*, ritenuta più corretta. Infatti, in una ciotola di insalata, i singoli ingredienti, pur amalgamandosi tra di loro, mantengono il loro sapore originario concorrendo, così, ad arricchire il piatto.

In questa direzione, va anche il senso del mio lavoro: esaltare il valore intrinseco di ognuno, indipendentemente dall'appartenenza ad un determinato gruppo, senza che nessuno sia costretto a rinunciare alla propria unicità.

Negli ultimi decenni, negli stati economicamente più sviluppati dell'Europa occidentale, la popolazione è divenuta via via sempre più eterogenea in seguito al fenomeno delle migrazioni.

[34] Cfr. Milena Meo, "Riflessioni sull'etnicità", *Quaderni di Intercultura* II (2010), pp. 1-24.

In Germania, ad esempio, molto numerosa è la comunità turca, ma sono presenti tante altre nazionalità; se guardiamo al bilancio della popolazione della città di Monaco di Baviera di marzo 2022, vediamo come la popolazione non tedesca sia in crescita rispetto all'anno scorso.[35] Analoga è la situazione in Italia: se prendiamo il caso di Milano, gli stranieri residenti rappresentano nel resoconto del 2021 oltre il 20%[36] e nelle scuole gli studenti stranieri sono circa il 10% del totale, come dimostrano i dati statistici provenienti dai singoli istituti.[37]

Gli stranieri si spostano più facilmente nelle città dove maggiori appaiono le possibilità di lavoro. Altri fattori giocano, però, un ruolo nella scelta del luogo in cui trasferirsi. Può trattarsi di migrazioni volontarie o determinate da necessità legate a condizioni politiche ed economiche nel paese di provenienza, dal contatto con altri migranti dello stesso paese, dalle aspettative per il futuro. Indipendentemente dalle cause, il movimento migratorio è in costante aumento. Secondo la Divisione per la Popolazione dell'ONU, nel 2019 circa 272 milioni di persone vivevano in un paese diverso dal loro.[38] In Europa, è l'Agenzia Frontex a tenere sotto controllo il fenomeno e ad aggiornare continuamente i dati relativi.[39]

Il passaggio da paese monoculturale a multiculturale ha comportato complessi problemi di integrazione. Chi arriva ha difficoltà oggettive iniziali ad inserirsi in un luogo in cui si parla una lingua diversa e ci sono abitudini e culture diverse; d'altra parte, i cittadini del paese ospitante possono essere accoglienti e favorire l'inclusione dei migranti, ma spesso sono diffidenti e temono che i nuovi arrivati rubino loro dei diritti. Se facciamo un breve *excursus* storico, ci renderemo conto di come anche queste convinzioni non siano altro che frutto di pregiudizi e di scorrette valutazioni storiche. Prima delle guerre persiane (490-479 a.C.) non esistevano i concetti di Occidente e Oriente. Il mondo greco e l'Oriente intrattenevano rapporti molto intensi.

---

[35] https://stadt.muenchen.de/dam/jcr:f5cd022c-bf07-4984-ab29-5a517e874de6/bev_stand_03.pdf.

[36] https://www.tuttitalia.it/lombardia/18-milano/statistiche/cittadini-stranieri-2021/.

[37] https://www.miur.gov.it/-/scuola-in-chiaro.

[38] https://unric.org/it/un-75-i-grandi-temi-una-demografia-che-cambia/.

[39] https://frontex.europa.eu/we-know/migratory-map/

Basti pensare ai commerci con gli Egizi, i Fenici e soprattutto a quelli delle *poleis* ioniche (Mileto, Efeso, Alicarnasso) con i regni dell'Anatolia, ad esempio la Frigia e la Lidia. I Greci ammiravano la prosperità e la raffinatezza di queste civiltà. Fu proprio Creso, re dei Lidi (561-546 a.C.) a portare sotto il proprio dominio le città ioniche della costa. Nonostante il contributo che dovevano pagare al re, sotto Creso queste città conobbero un grande sviluppo grazie ai commerci con l'entroterra; era fiorita in Ionia, inoltre, una ricca e vivace cultura. Non dimentichiamoci che proprio a Mileto, città simbolo di questo splendore, nacque la filosofia (quella che chiamiamo "occidentale") con Talete e i suoi discepoli. Quando i Persiani unificarono tutto il mondo allora conosciuto dai Greci ad eccezione appunto della Grecia, quello che era nato inizialmente come scontro commerciale (per dominare i traffici sul Mar Nero) divenne uno scontro ideologico. Se per i Persiani, la sconfitta subìta a Maratona nel 490 a.C., non rappresentò nient'altro che un incidente di percorso,[40] per i Greci fu la vittoria del "loro" sistema politico (città-stato vs. monarchia assoluta) e della "loro" cultura su quella dei barbari. Da allora crearono una barriera tra loro e gli altri, dimenticando che la loro eccezionalità era stata possibile proprio grazie ai continui contatti con quei "barbari".
Che le società multiculturali siano più creative è un dato di fatto. La società ellenistica (323-31 a.C.), che fu un intreccio variegato di popoli e stili di vita, non avrebbe prodotto scienze e tecniche avanzate per l'epoca all'interno di istituzioni culturali quali la Biblioteca e il Museo di Alessandria d'Egitto o le scuole di filosofia e grammatica ad Atene e Pergamo, se le città di allora non si fossero aperte a intensi scambi umani e culturali. Allo stesso modo, l'Europa moderna non sarebbe nata se non ci fossero state le invasioni barbariche che, pur devastando ampi territori, hanno rinvigorito la popolazione dell'impero romano, ormai fortemente in declino. Il contributo degli "altri", diversi da noi, checché ne pensassero i Greci dell'età classica, è fondamentale per la crescita e il progresso. Se ciò è vero, come è possibile che non riusciamo ad essere accoglienti e a considerare la nostra società multiculturale come un vantaggio? L'articolo 21 della Carta dei diritti fondamentali dell'Unione europea riconosce il diritto di non subire alcuna forma di discriminazione, tra cui quella fondata sul contesto di provenienza culturale o sociale, la religione o le convinzioni personali, le opinioni politiche o di qualsiasi altra natura.

[40] La storia, in effetti, diede loro ragione, dato che alla fine i Persiani imposero il loro dominio diretto e indiretto su tutta la Grecia con la pace di Antalcida nel 386 a.C. per circa 50 anni fino a che Alessandro Magno non conquistò il loro immenso impero.

Eppure, gli stranieri in Europa sono vittime di discriminazione e spesso di violenza.[41] Innumerevoli ne sono gli esempi che troviamo ogni giorno nei quotidiani. Dal 1° febbraio 2022 in Italia è entrata in vigore la normativa riguardante il contrasto al fenomeno della discriminazione dei lavoratori fondata sulla nazionalità, in attuazione della direttiva 2014/54/UE del Parlamento e del Consiglio europei. All'UNAR (Ufficio Nazionale Antidiscriminazioni Razziali della Presidenza del Consiglio dei Ministri) è affidato il compito di rimuovere qualsiasi forma di discriminazione. Tale ufficio, istituito presso il Dipartimento per le pari opportunità del Consiglio dei Ministri già svolge specifiche funzioni per la rimozione delle discriminazioni fondate su razza ed origine etnica, fornendo assistenza a chiunque si senta leso da atti discriminatori e attuando diversi progetti. La vera sfida, però, è quella educativa. È necessaria una corretta (in)formazione dei futuri cittadini.

Di educazione e formazione e di quanto sia necessario investire in essa per vincere i pregiudizi, abbiamo già brevemente parlato. Qui vorrei dire qualcosa su quale sia il tipo di educazione da dare. Deve essere, a questo proposito, interculturale. In che senso? Che significa? Non è forse intercultura un termine abusato tanto da divenire nella mente dei più un semplice programma governativo di scambio tra studenti? È giusto fare un po' di chiarezza. Educare significa "condurre fuori", estrarre in qualche modo quello che già c'è. Il termine di fatto presuppone che all'interno di ognuno di noi siano già contenute delle potenzialità che, attraverso l'insegnamento e l'esempio, possono essere sviluppate pienamente. Tra queste potenzialità c'è probabilmente anche quella interculturale, ovvero la capacità di vedere nel confronto con gli altri l'opportunità di arricchimento reciproco. Intercultura pone l'accento, dato dalla preposizione latina *inter*, sul dialogo tra le culture. Secondo questo approccio, le culture a contatto si donano reciprocamente usanze, abitudini, aspetti per prosperare insieme in maniera pacifica e proficua nel rispetto delle loro diversità. È questo l'obiettivo della moderna pedagogia[42] ed è questa la diversità che non solo sconfigge la discriminazione, ma va applicata anche in azienda perché comporta notevoli vantaggi.

[41] Cfr. https://fra.europa.eu/sites/default/files/fra_uploads/1934-CS-RV-05-SUM-IT.pdf.

[42] Cfr. *Tra Accoglienza E Diffidenza. Problemi Delle Migrazioni Nell'età Della Globalizzazione*, http://www00.unibg.it/dati/bacheca/1029/82120.pdf.

Figura 9. Vantaggi della diversità culturale

Esistono davvero solo due generi? Non-binarism, espressione del sé e sessualità

Finora abbiamo dato per scontato che esistono solo due generi. Ma è davvero così? Nel dialogo che ha come tema l'amore[43] Platone, il filosofo padre di tutta la cultura occidentale, fa pronunciare ad Aristofane una storia apparentemente paradossale:

"La nostra natura originaria era diversa da quella attuale, perché aveva tre generi invece di due: maschile, femminile e androgino. Le unità individuali erano composte da quelli che oggi sono due uomini, due donne o, nel caso degli androgini, di un uomo e una donna, derivando, se maschi, dal sole, se femmine dalla terra e se androgini dalla luna. Erano straordinariamente vigorosi e superbi, al punto da attaccare gli dei - proprio come i giganti Efialte e Oto di cui racconta Omero. Che fare di loro? – si chiese Zeus. Sterminarli, come aveva fatto con i Giganti, o fulminarli non sarebbe stata una buona soluzione, perché gli dei avrebbero perso gli onori e i sacrifici che ricevono dagli uomini. Il padre degli dei, dopo matura riflessione, escogitò un modo per indebolirli senza sopprimerli: tagliarli in due, trasformandoli in bipedi, in modo da ottenere anche il vantaggioso effetto di moltiplicarli. E se poi – considerò il dio – continueranno a comportarsi da arroganti, li taglierò ancora, costringendoli a saltellare su una gamba sola come nella corsa degli otri. Zeus cominciò a tagliare, chiedendo ad Apollo di girare il volto di ciascuna metà dalla parte del taglio e di ricucirne la pelle a formare l'ombelico, in modo che la sua punizione le fosse sempre sotto gli occhi. Le metà, però, cercavano disperatamente di ritornare intere tentando di ricongiungersi con l'altra parte, fino a morirne. Zeus, per evitare l'estinzione della specie, spostò gli organi genitali sul davanti (prima erano all'esterno, perché gli esseri umani originari si riproducevano direttamente con la terra), in modo che l'accoppiamento fra uomini e donne generasse figli e quello fra maschi producesse sollievo e permettesse il ritorno alle occupazioni normali. Per questo l'*eros* reciproco è innato negli esseri umani, perché riunifica la natura antica facendo di due uno e curando la natura umana com'è oggi. Ciascuno di noi è solo un pezzo mancante dell'uomo, essendo stato tagliato in due, ed è alla ricerca del pezzo mancante che più gli si adatta. I discendenti degli androgini sono eterosessuali, quelli degli interi maschili o femminili omosessuali. [...]

[43] Platone, *Simposio* 189a-193e.

Se due metà si ritrovano, desiderano stare insieme con un'intensità che non si può spiegare solo con l'unione amorosa: l'anima di ciascuno vuole qualcosa che non riesce a dire, ma solo oscuramente presagire. E se Efesto si offrisse per riattaccare fra loro i due amanti, essi accetterebbero. Questo avviene perché la nostra natura originaria era intera – e il desiderio dell'intero è chiamata *eros*. Stando così le cose, bisogna aver cura di comportarsi in modo ordinato nei confronti degli dei, per evitare di essere tagliati ancora e dover affrontare una ricerca di completamento ancor più difficile."

Un tempo, quindi, secondo Platone gli uomini erano di tre sessi: maschile, femminile e androgino; avevano due volti, quattro braccia, quattro gambe e due apparati riproduttori ed erano dotati di una forza straordinaria assimilabile a quella dei Giganti. Zeus, temendo la loro potenza, decise di dividerli in due parti cosicché dall'androgino derivarono maschi e femmine che tendono alla ricerca della loro anima gemella attraverso l'amore eterosessuale. Al contrario i maschi e le femmine derivati dagli antichi maschi e dalle antiche femmine ricercano la loro metà nell'amore omosessuale.

Il mito di Platone ci porta a riflettere su identità ed orientamento sessuale. Per quanto riguarda il primo punto, senza saperlo, Platone si avvicina al concetto di non binarismo. Con questo termine ci si riferisce attualmente a tutte quelle identità di genere che non ricadono nelle categorie tipicamente adottate della cultura occidentale, come ad esempio: una assenza di genere (agender), una presenza di più di un genere (per esempio: bigender, pangender), una fluttuazione tra diversi generi (per esempio: genderfluid), l'identificazione con un genere neutro all'interno dello spettro uomo/ donna o al di fuori di esso (per esempio: genderqueer, genere neutro, terzo genere) oppure una parziale identificazione con l'essere uomo o donna (per esempio, dall'inglese: demiboy o demigirl). È importante sottolineare che le identità non binarie non sono un fenomeno nuovo, ma se ne possono trovare alcuni esempi nella storia e in culture differenti. Infatti, esiste tradizionalmente un terzo genere nel caso della Siberia, delle Filippine, degli Hijra dell'India e dei nativi d'America "Two Spirit."[44]

[44] Matsuno, E., Budge, S.L. Non-binary/Genderqueer Identities: a Critical Review of the Literature (2017). Current Sexual Health Reports, 9, 116–120.

In Occidente, tuttavia, le persone non binarie, come tutti quelli che non sono "allineati" e quindi in qualche modo non classificabili dal nostro cervello in quanto non hanno contorni ben definiti[45] sono vittime di discriminazioni molto gravi in tutti gli ambiti della loro vita: il lavoro, la scuola, la salute, le relazioni sociali.[46] Mentre gli studi, i documenti e i dati sulla parità di genere tra uomo e donna sono piuttosto cospicui, quelli riguardanti il non binarismo sono ancora in una fase embrionale.[47] Scandurra ed altri (2019) evidenziano come le persone non binarie, nella vita quotidiana, siano soggette spesso a fraintendimenti relativi al proprio vissuto identitario, subiscano una pressione maggiore a conformarsi ai ruoli sociali e siano soggette a incomprensioni e stigmatizzazioni anche all'interno della comunità di riferimento.[48] In un altro studio, Harrison e colleghi (2012) approfondiscono le differenze tra lo stigma subito da persone dichiaratamente transgender e coloro che si definiscono genderqueer: i risultati evidenziano l'assenza di differenze significative tra i due gruppi in termini di educazione, assistenza sanitaria, esperienze di violenza, difficoltà lavorative e problemi con le forze dell'ordine.[49]

---

[45] Vedi quanto detto sopra sul triangolo di Kanizsa.

[46] Cfr. Tebbe, E. A. & Moradi, B. (2016). Suicide Risk in Trans Populations: An Application of Minority Stress Theory. Journal of Counseling Psychology, 63, 520-533.

[47] Cfr. Darwin, H. (2020). Challenging the cisgender/transgender binary: Nonbinary people and the transgender label. Gender & Society, 34(3), 357-380; James, S., Herman, J., Rankin, S., Keisling, M., Mottet, L., & Anafi, M. A. (2016). The report of the 2015 US transgender survey. Johnson, A. H. (2016). Transnormativity: A new concept and its validation through documentary film about transgender men. Sociological Inquiry, 86(4), 465-491; Matsuno, E., Webb, A., Hashtpari, H., Budge, S., Krishnan, M., & Basam, K. Nonbinary fact sheet [Fact sheet]. American Psychological Association, Division 44: The Society for the Psychology of Sexual Orientation and Gender Diversity. https://www.apadivisions.org/division-44/resources/ nonbinary-fact-sheet.pdf; Stryker, S., & Currah, P. (2014). Postposttransexual. Transgender Studies Quarterly, 1(1-2), 1-2; Valentine, D. (2007). Imagining transgender. Duke University Press; West, C., & Zimmerman, D. H. (1987). Doing gender. Gender & Society, 1(2), 125-151.

[48] Scandurra, C., Mezza, F., Maldonato, N. M., Bottone, M., Bochicchio, V., Valerio, P., & Vitelli, R. (2019). Health of non-binary and genderqueer people: a systematic review. Frontiers in Pychology, 10, 1453.

[49] Harrison, J., Grant, J., & Herman, J. L. (2012). A gender not listed here: Genderqueers, gender rebels, and otherwise in the National Transgender Discrimination Survey. LGBTQ Public Policy Journal at the Harvard Kennedy School, 2(1), 13.

Tra i punti evidenziati, l'assistenza sanitaria può diventare problematica per diverse ragioni: prima di tutto, perché ci si aspetta che i non binari vogliano "transitare" e uniformarsi ad uno dei due generi canonizzati (cosa che non tutti i pazienti desiderano); in secondo luogo, non esistono protocolli clinici standardizzati per le situazioni in oggetto e bisogna spesso fare ricorso a farmaci off-label. Non esistono ancora training e ricerche approfondite sulle esigenze medico-sanitarie di questi pazienti e spesso vi è il rischio che finiscano in un "terreno di nessuno" in cui la medicina tradizionale non ha strumenti per rispondere perché utilizza ancora categorie e figure specifiche (come l'andrologo o il ginecologo) senza disporre di personale specializzato sui pazienti non binari. Un terzo problema può essere l'alto rischio di trovarsi senza un'adeguata assistenza perché i documenti posseduti spesso non combaciano con l'identità esteriore percepita. Infine, purtroppo, a volte si ritrovano ad avere a che fare con personale sanitario che manca di adeguata preparazione ed attribuisce l'eziopatogenesi dei loro problemi fisici a cause di tipo identitario (per esempio che una polmonite possa essere dovuta all'utilizzo di ormoni, ecc.).[50]

Un ulteriore fattore di disagio per le persone non binarie potrebbe essere quello di sentirsi chiamare col pronome sbagliato. Nello scrivere spesso si usano per le desinenze forme considerate neutre, ad esempio l'asterisco (*) oppure la ə/з (schwa fonetica), la chiocciola (@), la lettera -u oppure la –x.[51] Come pronomi, in inglese si sta diffondendo il plurale *they* con uso singolare, in svedese è stato introdotto *hen*. Interpellata a tal proposito per quanto riguarda la lingua italiana, l'Accademia della Crusca ha risposto distinguendo chiaramente tra genere grammaticale e genere di appartenenza. Il genere grammaticale segue delle regole puramente convenzionali basate sull'evoluzione naturale della lingua e non ha niente a che vedere con l'identità sessuale.

Leggiamone un estratto:

---

[50] Kattari, S. K. "Transgender and non-binary people face health care discrimination every day in the US". The Conversation, 23/10/2018, https://theconversation.com/transgender-and-non-binarypeople-face-health-care-discrimination-every-day-in-the-us-99732
Lefevor, G. T., Boyd-Rogers, C. C., Sprague, B. M., & Janis, R. A. (2019). Health disparities between genderqueer, transgender, and cisgender individuals: An extension of minority stress theory. Journal of Counseling Psychology, 66(4), 385 - 395.

[51] Cfr. TransMediaWatch Italia. "Linguaggio neutro". TransMediaWatch Italia, 19/01/2020, https://www. transmediawatchitalia.info/linguaggio-neutro/.

"Ebbene, di fronte a domande come la seguente: "Come dovrei rivolgermi nella lingua italiana a coloro che si identificano come non binari? Usando la terza persona plurale o rivolgendomi col sesso biologico della persona però non rispettando il modo di essere della persona?", la nostra risposta è questa: l'italiano – anche se non ha un pronome "neutro" e non consente neppure l'uso di loro in corrispondenza di they/them dell'inglese (lingua in cui l'accordo ha un peso molto meno rilevante rispetto all'italiano e dove comunque l'uso di they al singolare per persone di cui si ignora il sesso costituiva una possibilità già prevista dal sistema, in quanto documentata da secoli) – offre tuttavia il modo di non precisare il genere della persona con cui o di cui si sta parlando. L'unica avvertenza sarebbe quella di evitare articoli, aggettivi della I classe, participi passati, ecc., scelta che peraltro (come ben sanno coloro che hanno affrontato la tematica del sessismo linguistico) è certamente onerosa. In ogni caso, tanto il pronome io quanto l'allocutivo tu (e, come si è visto sopra, anche gli allocutivi di cortesia lei e voi) non specificano nessun genere. Analogamente, i pronomi di terza persona lui e lei in funzione di soggetto possono essere omessi (in italiano non è obbligatoria la loro espressione, a differenza dell'inglese e del francese) oppure sostituiti da nomi e cognomi, tanto più che oggi sono in uso accorciamenti ipocoristici ambigeneri come Fede (Federico o Federica), Vale (Valerio o Valeria), ecc., e che (anche sul modello dell'inglese e proprio in un'ottica non sessista) si tende a non premettere l'articolo femminile a cognomi che indicano donne (Bonino e non la Bonino). [...] Insomma, il sistema della lingua può sempre offrire alternative perfettamente grammaticali a chi intende evitare l'uso di determinate forme ed è disposto a qualche dispendio lessicale o a usare qualche astratto in più pur di rispettare le aspettative di persone che si considerano non binarie. Certamente l'accordo del participio passato costituisce un problema; ma non c'è, al momento, una soluzione pronta: sarà piuttosto l'uso dei parlanti, nel tempo, a trovarla."[52] Evitare l'uso di pronomi, così come la nostra ricchissima lingua permette, potrebbe essere, quindi, una soluzione proponibile in italiano.[53]

---

[52] https://accademiadellacrusca.it/it/consulenza/un-asterisco-sul-genere/4018.

[53] Cfr. anche il Webinar *La lingua italiana in una prospettiva di genere*, 1° marzo 2022: https://www.youtube.com/watch?v=uUuihmL_VHM e l'articolo di Cristiana De Santis, *L'emancipazione grammaticale non passa per una e rovesciata*, Treccani Magazine, "Lingua italiana", 9 febbraio 2022.

L'importante è non dare mai per scontato che l'utilizzo di determinati pronomi si possa dedurre da come appaiono esteriormente le persone. Una buona strategia potrebbe essere adeguarsi ai pronomi che la persona utilizza in riferimento a sé stessa oppure, se ciò non fosse possibile, chiedere quale nome e quali pronomi utilizzare per rivolgersi ad essa. In ogni caso, bisogna offrire l'opportunità alle persone di condividere i propri pronomi, senza però forzare nessuno nello svelarli in tempi, modi e circostanze che potrebbero non essere per loro confortevoli o sicuri.[54]

Per quanto riguarda i testi normativi di riferimento contro la discriminazione delle persone non binarie, alla base ci sono ovviamente la Dichiarazione Universale dei Diritti Umani del 1948 e la Costituzione Italiana dello stesso anno in cui si rivendica con forza che nessuno può essere discriminato per la sua identità o il suo orientamento sessuale. È importante riconoscere la diversità di genere come un diritto umano: qualora tale principio non venga rispettato, ci si trova di fronte a una violazione da denunciare e perseguire con leggi adeguate. In questi ultimi anni si sta cercando di affrontare i temi inerenti ai diritti delle identità non binarie in modo più significativo.[55] Nella risoluzione 2048 (2015) del Parlamento Europeo dal titolo "La discriminazione nei confronti delle persone transgender in Europa" vengono denunciate le violenze e le violazioni del diritto alla vita privata e all'integrità fisica cui queste persone sono soggette.[56] Alcuni Stati hanno modificato le loro legislazioni promuovendo nuove procedure, rispondendo all'appello del Parlamento Europeo a "sviluppare, per le persone transgender, procedure rapide, trasparenti e accessibili, basate sull'autodeterminazione, per il cambio di nome e di sesso anagrafico sui certificati di nascita, carte d'identità, passaporti, certificati scolastici e altri documenti analoghi".

[54] Cfr. Cfr. Conover, K. J., Matsuno, E., & Bettergarcia, J. (2021). Pronoun fact sheet [Fact sheet]. American Psychological Association, Division 44: The Society for the Psychology of Sexual Orientation and Gender Diversity. https://www.apadivisions.org/division-44/resources/pronouns-factsheet.pdf.

[55] Cfr. Richards, C., Bouman, W. P., Seal, L., Barker, M. J., Nieder, T. O., & T'Sjoen, G. (2016). Non-binary or genderqueer genders. International Review of Psychiatry, 28(1), 95-102.

[56] https://www.apadivisions.org/division-44/resources/advocacy/transgenderchildren.pdf Parliamentary Assembly of the Council of Europe (2015). Resolution 2048 - Discrimination against transgender people in Europe, http://www.europeanrights.eu/public/atti/2048_ing.pdf.

Nello stesso documento, i parlamenti nazionali vengono, altresì, invitati a considerare l'inclusione di un terzo genere nei documenti personali, procedura già adottata in alcuni Paesi del mondo (come ad esempio, Argentina e Nuova Zelanda). Tale raccomandazione è rafforzata nella risoluzione del Parlamento europeo del 14 febbraio 2019 sul futuro dell'elenco di azioni a favore delle persone LGBTI (2019-2024).[57] Con questa sigla si intende la comunità di lesbiche, gay, bisessuali, transessuali e intersessuali. Spesso si aggiunge la lettera Q di queer (persone che preferiscono non avere nessun tipo di etichetta) o la A di agender. Per includere tutti coloro che non si sentono rappresentati da nessuna lettera, si usa il segno +. E così LGBTIQA+ verrà usato in questa monografia. La sigla, oltre a racchiudere l'identità, comprende anche l'orientamento sessuale che non ha niente a che vedere con l'identità di genere e non si può quindi dare per scontato in base al genere (chi si identifica come donna, non è necessariamente eterosessuale; chi si identifica come transgender non è necessariamente omosessuale etc.). L'**orientamento sessuale** e affettivo si riferisce all'attrazione affettivo-sessuale di una persona nei confronti di un'altra. Gli orientamenti sessuali sono diversi e sono ad oggi considerati come normali varianti della sessualità. Tra i più conosciuti troviamo l'orientamento eterosessuale, omosessuale e bisessuale, ma ci sono anche persone asessuali e polisessuali, ecc. È fondamentale, pertanto, educare sin da piccoli ad una molteplicità di situazioni e ad una serena presa di coscienza della propria identità e del proprio orientamento sessuali.[58]

Anche se le risoluzioni di cui abbiamo parlato rappresentano indubbiamente dei grandi passi in avanti orientanti anche al riconoscimento dei diritti delle persone non binarie, non sono ancora state tradotte in legge nei diversi Paesi. È importante, in un'ottica di rispetto dei diritti umani, che i governi riconoscano legalmente l'esistenza di un "genere altro" e si assumano il compito istituzionale di favorire un profondo cambio di mentalità anche attraverso una corretta informazione. È fondamentale ricordare come nella risoluzione dell'11 marzo 2021 il Parlamento Europeo abbia dichiarato a larga maggioranza che l'Unione europea è una "zona di libertà LGBTIQ".

---

57 https://www.europarl.europa.eu/doceo/document/TA-8-2019-0129_IT.html.

58 Cfr. Meyer, C., & Harris, J. Gender diversity and transgender identity in children [Fact sheet]. American Psychological Association, Division 44: The Society for the Psychology of Sexual Orientation and Gender Diversity, https://www.apadivisions.org/division-44/resources/advocacy/transgender-children.pdf

In Italia esiste la Strategia Nazionale LGBT, un documento prodotto dal Dipartimento per le Pari Opportunità e da UNAR per fornire misure ed azioni concrete per la prevenzione e il contrasto delle discriminazioni basate sull'orientamento sessuale e sull'identità di genere. La strategia è stata approvata dal Dipartimento per le Pari Opportunità della Presidenza del Consiglio dei Ministri il 29 aprile 2013. Il testo recepisce la Raccomandazione CM/Rec (2010)5 del Comitato dei Ministri del Consiglio d'Europa che si impegna a tutelare i diritti della comunità LGBT promuovendo la parità di trattamento e un **piano operativo contro le discriminazioni**. La Strategia è stata elaborata e attuata con il coinvolgimento attivo di istituzioni, società civile, parti sociali e associazioni, che hanno lavorato insieme per definizione di politiche attive in materia di contrasto e prevenzione delle discriminazioni. Sono stati individuati quattro assi strategici su cui intervenire. Per ognuno di essi, vengono specificati gli obiettivi e le misure da attuare. Si parte con Educazione e Istruzione, per prevenire intolleranza, violenza e bullismo omofobico e transfobico; ci si sposta poi sull'asse lavorativo, differenziando tra la situazione di persone gay e lesbiche rispetto a quella delle persone transessuali e transgender; in particolare attenzione è posta al problema della "visibilità" di queste ultime, nonché alla promozione di politiche di *diversity management* e di azioni positive finalizzate all'inclusione socio-lavorativa; il terzo asse riguarda Sicurezza e Carceri, per proteggere dalla violenza le persone LGBTIQA+ e contemporaneamente formare e sensibilizzare le Forze dell'Ordine e il personale dell'amministrazione penitenziaria; l'ultimo punto riguarda Media e Comunicazione. Abbiamo già visto che Internet e i Social possono essere un luogo in cui scatenare intolleranza, discriminazione e violenza e l'obiettivo si propone di contrastare stereotipi e pregiudizi nella rappresentazione delle realtà LGBTIQA+.

Finora sono stati realizzati percorsi innovativi di formazione sulle tematiche della discriminazione per orientamento sessuale e identità di genere riguardanti i primi tre assi, destinati a figure a capo delle Pubbliche Amministrazioni. Per quanto concerne l'ultimo obiettivo si fa riferimento a delle linee guida per operatori dell'Informazione[59] e ad una piattaforma web istituzionale.[60]

[59] https://www.unar.it/portale/documents/20125/51437/lineeguida_informazionelgbt.pdf/c8e16ba0-0781-3e95-d7ce-5a469254fa5e?t=1619796876998.

[60] http://www.portalenazionalelgbt.it/.

Sono inoltre stati realizzati due progetti pilota a livello nazionale, relativi alle persone transgender che, come evidenziato da molte indagini, risultano essere maggiormente a rischio di marginalizzazione e di esclusione sociale. In particolare, uno di questi riguarda **le condizioni delle persone transgender nelle carceri** (condizioni di vita, accesso alla salute, rapporti con gli operatori penitenziari e con la popolazione dei detenuti); il secondo progetto pilota, sull'asse Lavoro, ha riguardato **specifici servizi legali e psicologici per le persone transgender**, finalizzati al sostegno nel processo di transizione e all'inclusione socio-lavorativa.

L'uguaglianza salariale: a che punto siamo e quali azioni sono ancora da mettere in campo

Se la multiculturalità può rappresentare un vantaggio in termini di conoscenza e di uguaglianza, non si può dimenticare che il tutto passa anche da una parità salariale ancora lontana dal divenire. Ecco solo alcune norme di riferimento a livello internazionale:

1. Il Protocollo degli obiettivi di Beijing sull'uguaglianza di genere e lo sviluppo sostenibile, adottato nel 1985 dall'Assemblea generale delle Nazioni Unite, stabilisce che gli stati membri devono "eliminare ogni discriminazione contro le donne nell'ambito del lavoro".
2. La Convenzione ONU sull'eliminazione di ogni forma di discriminazione contro le donne (CEDAW) del 1979 stabilisce che gli stati devono "prendere misure appropriate per garantire che le donne godano del medesimo salario, per lavoro di valore eguale, delle donne".
3. Il Patto internazionale sui diritti economici, sociali e culturali del 1966 stabilisce che "tutti hanno il diritto al lavoro, alla libertà di scegliere il proprio lavoro, alle condizioni eque e favorevoli di lavoro e alla protezione contro la disoccupazione".
4. Il Trattato dell'Unione Europea sulla parità di genere del 2007 stabilisce che gli stati membri devono "prendere misure appropriate per garantire la parità di genere in tutti i settori, in particolare nell'ambito del lavoro".
5. La legge sull'uguaglianza salariale negli Stati Uniti del 1963 (Equal Pay Act) stabilisce che gli uomini e le donne devono ricevere lo stesso salario per lo stesso lavoro.

Se volessimo fare riferimento alla nostra Italia potremmo citare:

1. Diritto alla parità retributiva tra donne e uomini per uno stesso lavoro o per un lavoro di pari valore Trattato di Roma del 1957
2. Il Testo unico delle disposizioni legislative in materia di parità e di pari opportunità tra uomo e donna del 1981 (n. 151) stabilisce che "gli uomini e le donne hanno diritto ad una retribuzione eguale per lavoro di pari valore"
3. Il Testo unico sulla parità e le pari opportunità tra uomo e donna del 2007 (n. 903) stabilisce che "il datore di lavoro è tenuto a garantire il rispetto dei principi di parità e di pari opportunità tra uomo e donna nelle relazioni di lavoro"
4. Il Codice delle pari opportunità tra uomo e donna del 2007 (Decreto Legislativo n. 198/2006) stabilisce che "il datore di lavoro è tenuto a garantire il rispetto dei principi di parità e di pari opportunità tra uomo e donna nell'accesso al lavoro, nella formazione, nella promozione professionale e nella remunerazione"
5. Il Jobs Act del 2015 (Legge n. 183/2014) stabilisce che "il datore di lavoro non può discriminare i dipendenti in base al sesso nell'ambito del lavoro, incluso in merito al salario"
6. Il Gender Pay Gap è stato introdotto dalla legge italiana con il D.Lgs. 97/2016, che ha imposto alle grandi aziende di pubblicare e rendere pubblica la differenza di retribuzione tra donne e uomini.
7. La legge sulla parità salariale Legge 5 Novembre 2021.n 162 che punta a migliorare la trasparenza retributiva e incentivare le imprese al perseguimento della parità di genere attraverso l'istituzione di una certificazione che apre la via ad alcune forme di premialità

In ottica di equità, l'uguaglianza salariale significa che tutti i dipendenti che svolgono lavori equivalenti vengono retribuiti allo stesso modo, indipendentemente dal loro genere, etnia, orientamento sessuale, disabilità o qualsiasi altra caratteristica protetta dalle leggi sulla non discriminazione. Questo significa che i dipendenti che hanno competenze, esperienze e responsabilità simili devono essere pagati allo stesso modo, indipendentemente dalle loro caratteristiche personali.
L'uguaglianza salariale promuove l'equità perché garantisce che tutti i dipendenti siano trattati allo stesso modo e che non ci siano disuguaglianze salariali basate su caratteristiche personali che non hanno alcuna relazione con le competenze, le esperienze o le responsabilità del lavoro. Ciò aiuta a garantire che tutti i dipendenti abbiano pari opportunità di successo e che l'ambiente di lavoro sia inclusivo e privo di discriminazione.

È evidente che le norme che regolano la parità salariale variano a seconda del paese e delle leggi in vigore. Tuttavia i concetti base sono gli stessi: garantire il principio di non discriminazione e fare in modo che tutti i lavoratori/trici abbiano le stesse opportunità in fase di reclutamento, formazione, promozione. Che il sesso non rappresenti mai una discriminante ma sia solo identificativo di due persone diverse, come i nostri nomi e cognomi, che il salario sia uguale per tutti nella misura in cui si ricoprono gli stessi ruoli e si svolgano le stesse mansioni. Che non ci sia un genere preponderante nell'accesso al potere, solitamente il maschile, ma sia favorita la crescita e le pari opportunità in ogni contesto, ruolo, luogo.

In generale, le leggi e le norme sulla parità salariale mirano a garantire che gli uomini e le donne abbiano le stesse opportunità e ricevano lo stesso salario per lo stesso lavoro, e che non siano discriminate in base al sesso nell'ambito del lavoro.
A tal proposito è importante sottolineare che le aziende con più di 50 dipendenti devono elaborare un piano di azione per la parità di trattamento tra donne e uomini e presentare una relazione biennale sull'attuazione delle misure previste dal piano. Il documento, che viene poi sottoposto ad analisi e riscontro da parte delle consigliere e i consiglieri di parità che, in quanto ufficiali giudiziari, possono verificare la veridicità di quanto dichiarato oltre che comminare sanzioni in caso di difformità o falsità.
È necessario conoscere e diffondere promuovendo un impegno continuo e una cultura aziendale che valorizzino l'equità e l'inclusione attraverso anche:

- Trasparenza salariale: le aziende possono rendere i salari dei dipendenti accessibili a tutti, in modo che i dipendenti possano confrontare i loro salari con quelli degli altri e segnalare eventuali disuguaglianze.
- Monitoraggio dei salari: le aziende possono monitorare i salari dei dipendenti per individuare e correggere eventuali disuguaglianze.
- Parità di opportunità nei processi di selezione: le aziende possono assicurarsi che i processi di selezione non siano discriminatori e che le donne abbiano le stesse opportunità degli uomini per ottenere un lavoro.
- Formazione e sviluppo professionale: le aziende possono offrire programmi di formazione e sviluppo professionale per le donne, in modo che abbiano le stesse opportunità di carriera degli uomini.

- Lavoro flessibile: le aziende possono offrire opportunità di lavoro flessibili, come lavoro a distanza o part-time, per consentire alle donne di conciliare lavoro e vita familiare.
- Obiettivi di genere: le aziende possono stabilire obiettivi per aumentare la rappresentanza delle donne nei ruoli di maggior responsabilità e promuovere l'uguaglianza di genere in tutti i livelli di lavoro.
- Azioni concrete per l'uguaglianza di genere: le aziende possono elaborare un piano di azione per la parità di trattamento tra donne e uomini e presentare una relazione annuale sull'attuazione delle misure previste dal piano.

Ecco alcuni esempi anche di piccole e medie imprese che in Italia hanno adottato politiche e pratiche per promuovere l'uguaglianza salariale:

- Fondazione Pangea: una piccola organizzazione no profit che lavora per l'integrazione dei migranti, ha adottato una politica di parità salariale tra donne e uomini e ha stabilito obiettivi per aumentare la rappresentanza delle donne nei ruoli di maggior responsabilità.
- Sorgenia: una piccola e media impresa nel settore dell'energia che ha adottato una politica di parità salariale tra donne e uomini e una serie di misure per favorire la carriera delle donne, tra cui programmi di formazione e sviluppo professionale, opportunità di lavoro flessibili e parità di opportunità nei processi di selezione.
- Piccola azienda di produzione alimentare "La Bottega del Gusto": ha adottato una politica di salario equo e trasparenza salariale, in modo che i dipendenti possono confrontare i loro salari con quelli degli altri. Inoltre, l'azienda ha promosso l'uguaglianza di genere in tutti i livelli di lavoro.

Indipendentemente dalla dimensione aziendale i processi devono essere uguali perché si parla di diritti inalienabili e di benessere delle persone.
Raccogliere e analizzare i dati salariali per identificare eventuali disuguaglianze tra dipendenti dello stesso sesso o tra gruppi di dipendenti diversi, così come definire politiche salariali eque che garantiscano parità salariale per lavori equivalenti indipendentemente dal genere, dall'etnia, dall'orientamento sessuale, dalla disabilità, ecc., sono fondamentali. Creare un sistema di valutazione delle competenze che sia obiettivo e basato su criteri trasparenti, in modo da garantire che le retribuzioni siano determinate in base alle competenze e alle performance dei dipendenti, e non in base ad altri fattori.

Fare in modo che la formazione e la sensibilizzazione sull'uguaglianza salariale siano garantiti a tutti i dipendenti e che i manager comprendano la necessità di identificare e affrontare eventuali disuguaglianze salariali. Per far sì che non si disperda alcun intervento è necessario un monitoraggio dei progressi e adottare leggi e normative, come la certificazione per la parità di genere (UNI PDR125 ndr) che portino l'azienda a garantire non solo la parità salariale ma tutte le azioni per rendere accessibile anche l'ascesa a ruoli dirigenziali e di responsabilità da parte delle donne che non devono sempre essere considerate: "brave ma non in grado di assurgere a ruoli di potere".

Sarebbe opportuno, in ottica di non discriminazione, creare un meccanismo di feedback e denuncia per i dipendenti, in modo che possano segnalare eventuali disuguaglianze salariali in modo anonimo e senza paura di ripercussioni.

È necessario però che a queste segnalazioni si dia riscontro e si attuino tutti i correttivi possibili altrimenti risulterebbe un procedimento totalmente inutile, al pari di tutte le azioni che alcune aziende adottano in ottica di pink washing non credendo veramente nel valore della parità di genere, ancor più nel riconoscimento della parità donna/uomo in azienda.

Come espresso anche nella legge n. 162 del 2021 e della Certificazione di parità di Genere, UNI Pdr 125 del 2022, la trasparenza retributiva può rappresentare un incentivo per promuovere maggiormente una revisione nelle politiche di parità di genere nelle aziende. La gestione e organizzazione sistemica di azioni e prassi prima basate solo su criteri consuetudinari darà una spinta ad una maggiore consapevolezza di ruoli e azioni da mettere in atto, sia da parte delle persone direttamente interessate che dalle aziende che dovranno trovare modi e maniere per rendere evidenti i cambiamenti adottati.

La comunicazione, interna ed esterna è fondamentale per creare quel circolo virtuoso di aziende certificate, di prassi attuate ma soprattutto per far sì che al di là delle dimensioni aziendali il riconoscimento della parità di diritti, salari e politiche volte alla conciliazione diventino modelli da copiare per migliorare la vita dei dipendenti in maniera concreta e riconosciuta.

Ageism: La discriminazione del nostro tempo è il tempo a cura di Micol D'Andrea

... Holly came from Miami, F.L.A.
Hitch-hiked her way across the U.S.A.
Plucked her eyebrows on the way
Shaved her legs and then he was a she
... She says, "Hey, babe
Take a walk on the wild side"
Said, "Hey, honey
Take a walk on the wild side"

Take a walk on the wild side di Lou Reed

Vi chiedo una cosa prima di leggere le righe che seguono. Scegliete di fare una passeggiata nel "lato selvaggio", come suggerisce Lou Reed. Che non è il mondo della Factory di Andy Warhol a cui la canzone è ispirata con annesse le difficoltà di quegli anni (sebbene questo libro ci ricordi che poco, pochissimo ancora è stato fatto per risolvere i problemi sulla diversità che quella canzone portava alla luce).

No, parlo di un altro mondo. Di un'altra diversità. Quella legata all'età. E soprattutto alla vecchiaia. Silenzio. Vi ho gelato vero?

A nessuno piace pensare alla vecchiaia. Eppure tutti sappiamo che, se ci arriveremo, vorrà dire che avremo vissuto una vita lunga o fatto, come dice Marguerite Yourcenar nell'Opera al Nero, "*almeno un giro della propria prigione*".

Eppure l'unica vera prigione dei nostri tempi sembra essere la vecchiaia. Lenta, malata, inefficiente, rancorosa, ruba pensione. La condizione anziana è passata negli ultimi 70 anni, dall'inizio della società mass mediatica, da essere una risorsa ad una brucia risorse. Insomma inutile. Anzi dannosa. Quasi tossica.

Il fenomeno è noto come *ageism* (da *age*: età), parola inglese coniata dallo psichiatra e geriatra statunitense nel 1969 Robert Butler, per indicare quella forma di pregiudizio e svalorizzazione ai danni delle persone anziane. Con il passare del tempo, la definizione ha assunto un senso più ampio rivolto, in generale, ad un pregiudizio nei confronti dell'età, qualunque essa sia. Uno scarto di lavorazione che il conflitto generazionale può produrre.

Non il confronto, ma la rabbia e l'incomprensione. Emozioni negative che tra l'altro mal si accordano con la speranza di aver superato proattivamente la protesta generazionale del Sessantotto. Non solo non abbiamo compreso il valore del confronto, ma abbiamo portato il campo di battaglia su temi diversi.

In Italia, solamente negli ultimi anni, la parola è stata tradotta - malamente - con il termine ageismo. In pratica non ci abbiamo messo la testa. Abbiamo deciso di fare una semplice trasposizione dalla lingua inglese. Un sintomo di una visione. Miope, direi, ma non con la prospettiva del linguista. Ma dell'economista in primis, ovvero considerando cosa ci dicono le statistiche sull'invecchiamento della popolazione italiana.

Secondo l'ultimo rapporto Istat sul tema, nel 2070 l'Italia avrà perso 12,1 milioni di abitanti e l'età media sarà di 50,7 anni contro gli attuali 45,7.

Attualmente la popolazione over 65 rappresenta il 23,2% del totale, quella fino a 14 anni di età il 13%, quella nella fascia 15-64 anni il 63,8%, mentre l'età media si è avvicinata al traguardo dei 46 anni.
Entro il 2050 le persone di 65 anni e più potrebbero rappresentare il 35% del totale, con un intervallo di confidenza al 90% che presenta un campo di variazione compreso tra un minimo del 33,1% e un massimo del 36,9%. I giovani fino a 14 anni di età potrebbero rappresentare entro il 2050 l'11,7% del totale, registrando quindi una lieve flessione: a quella data il rapporto tra over 65 e under 14 sarà 3 a 1.

Il dato tra l'altro non è allineato a quello europeo: siamo tra i più vecchi in Europa.
O meglio ***madao*** come dice un termine giapponese "vecchio completamente inutile".

La pandemia Covid 19, e la conseguente emergenza sanitaria, ha slatentizzato il problema. Secondo l'Organizzazione mondiale della sanità (OMS) oltre il 95% dei decessi registrati in Europa a causa del nuovo Coronavirus ha riguardato persone di età superiore ai 60 anni. E purtroppo, nei momenti di massima emergenza, il dilemma dei posti letti in terapia intensiva tra salvare si è posto nella sua totale drammaticità. Ma se il fenomeno lo possiamo, quasi in modo consolatorio, circostanziare ad un'emergenza, come altre catastrofi ad esempio la guerra, forse ci dovremmo porre il problema di cosa succeda nella quotidianità. Ovvero quando non ci troviamo in situazioni straordinarie che sappiamo non sempre essere risolvibili. Anzi quasi mai.

Nella quotidianità siamo invece chiamati a cercare delle soluzioni, a ragionare su come affrontare in generale l'ageismo nella sua estensione più ampia ovvero come scontro, incomprensione e improduttività nella relazione tra fasce d'età. La narrazione delle generazioni giovani contro quelle adulte, la rappresentazione stereotipata delle categorie, la guerra all'invecchiamento attraverso lo strumento dell'anti-aging a tutti i costi. Ma soprattutto una mancata considerazione nell'agenda del legislatore, un'assenza di politiche attive a sostegno alla Terza Età e ai loro caregiver, una mancata offerta ai cittadini di servizi per aiutarli a colmare il digital divide.

L'ageismo è al pari di una malattia. Affrontare questo tema non è solo per senso di correttezza politica, linguistica, sociale dei diritti umani delle persone. Tutte motivazioni che spesso sembrano poco motivanti nelle agende dei legislatori e per alcuni attori economici.
Il tema è anche molto pratico. L'ageismo ha un costo. O meglio l'ageismo costa alla società miliardi di euro.

L'ageismo riduce la durata della vita delle persone, ne aggrava la salute fisica e mentale, contribuisce alla povertà e all'insicurezza finanziaria. Nei giovani l'ageismo può anche ridurre l'impegno dei giovani all'organizzazione per cui lavorano.

Ma per tornare alle soluzioni, ragioniamo su quello che è stato fatto.

Nel 2021 è iniziata ufficialmente la Decade dell'Invecchiamento in Salute, ovvero in inglese la Decade of Healthy Ageing). L'iniziativa, promossa dalle Nazioni Unite e dall'Organizzazione Mondiale della Sanità, ha l'obiettivo di connettere *enti governativi, membri della società civile, agenzie internazionali, professionisti, università, media e privati per migliorare la vita degli anziani, delle loro famiglie e delle comunità in cui vivono e colmare le lacune presenti nelle policies, nei servizi e nei sistemi.*

Tra le prime azioni dell'iniziativa un sito consultabile con moltissimi documenti e testimonianze sul tema ma soprattutto un esaustivo Report Mondiale sull'ageismo, scaricabile gratuitamente QUI) che parte dall'allargamento della definizione del fenomeno dell'ageismo allargandolo a stereotipi, pregiudizi e discriminazioni "*Ageism refers to the stereotypes (how we think), prejudice (how we feel) and discrimination (how we act) directed towards people on the basis of their age.*"

Come pensiamo --- gli stereotipi.
Come ci sentiamo ---- i pregiudizi
Cosa facciamo ---- le discriminazioni

Insomma l'aspetto cognitivo, emotivo e fattuale. È una definizione interessante perché non solo ci spiega il fenomeno, ma lo analizza nelle sue direttrici e ci propone anche un piano di azione per attivare azioni correttive e migliorative. Forse porterei l'aspetto emotivo al primo posto. Le emozioni guidano il nostro giudizio. Le scienze comportamentali lo insegnano. La rappresentazione attraverso immagini, testi e situazioni ci insegnano molto più di quello che possiamo comprendere attraverso la razionalizzazione dei concetti. E poi c'è il fare, che comprende iniziative come la **facilitazione del dialogo** intergenerazionale, l'**ascolto** delle istanze e i bisogni tramite interviste, survey, e focus group, **la formazione**, **la comunicazione**, **il knowledge-sharing** e per le aziende e istituzioni il **welfare aziendale.** Per le aziende, infatti, come scrive[61] Gianluca Arlati, "*La sfida per le aziende sta, quindi, nella ricerca di un modello organizzativo in grado di motivare e ingaggiare il personale più senior e, allo stesso tempo, di mantenere efficienti il processo delle assunzioni e i percorsi di sviluppo dei più giovani. Dialogare, interagire e confrontarsi con persone appartenenti a generazioni differenti costituisce un'opportunità per creare un ambiente di lavoro accogliente e valorizzante per tutte le età, in cui l'appartenenza generazionale non sia fonte di conflitto, bensì di ricchezza.*"

Dall'altra parte affrontare il tema dell'ageismo in azienda significa anche rivedere le scelte di prodotto, di marketing e comunicazione. Da un lato, infatti, porre maggiore attenzione per l'accessibilità ai prodotti da parte di tutte le fasce di età può far aumentare il mercato di riferimento dell'azienda, dall'altra però richiede una sensibilità e attenzione nella veicolazione dei messaggi di comunicazione e nelle strategie di marketing onde evitare una brandizzazione dei prodotti che porti al biasimo e alla ghettizzazione delle persone a cui sono destinate. La comunicazione è un atto di rispetto in primis. Per cui oltre al green-washing, al pink-washing, al rainbow-washing e così via, ricordiamoci anche del aging-washing.

---

[61] *consulente di Great place to work Italia in* https://www.corriere.it/economia/migliori-aziende-italia-dove-lavorare/notizie/age-diversity-lavoro-confronto-generazioni-puo-essere-produttivo-949d1596-ab92-11ec-9633-df75bedaaa53.shtml

Sitografia intervento:

https://www.fabbricaeuropa.eu/post/pubblicato-il-report-mondiale-delle-nazioni-unite-sull-ageismo

https://www.treccani.it/vocabolario/ageismo_res-50bce5a1-8991-11e8-a7cb-00271042e8d9_%28Neologismi%29/

https://www.agingproject.uniupo.it/ageismo-pregiudizi-e-discriminazioni-colpiscono-gli-anziani/

https://journals.openedition.org/qds/595

https://www.youtrend.it/2022/01/31/litalia-sara-un-paese-piu-piccolo-e-anziano/

https://www.istat.it/it/archivio/263995

https://www.who.int/publications/i/item/9789240016866

Scannerizza il Qr Code:

Capitolo 3
Inclusion

Introduzione a cura di Marcella Loporchio

L'inclusione promuove la diversità e l'equità, creando ambienti in cui ognuno può sentirsi accettato e valorizzato per chi è. Questo può aiutare a crescere, potenziare e promuovere l'individuo, la comunità e l'organizzazione in cui si vive e si lavora. È un concetto ampio e complesso che può essere esteso in molti modi diversi. In generale, l'inclusione significa creare ambienti in cui tutti possono sentirsi accettati e valorizzati chi sono, indipendentemente dalle loro differenze individuali. Ciò può essere realizzato attraverso pratiche e politiche che promuovono la diversità e l'equità, e che eliminano le barriere che possono impedire a alcune persone di partecipare pienamente alla vita della comunità o dell'organizzazione. In un contesto di lavoro, l'inclusione può significare promuovere l'assunzione e la promozione di dipendenti con una varietà di background e di esperienze, creando un ambiente di lavoro che rispetta la diversità e che incoraggia le persone a esprimere le loro opinioni e le loro idee. In un contesto educativo, l'inclusione può significare creare programmi e risorse per studenti con bisogni speciali, e promuovendo la comprensione e l'accettazione della diversità tra gli studenti. In generale, l'inclusione si basa sull'idea che la diversità è una risorsa preziosa che può arricchire la vita delle persone e delle comunità, e che tutti hanno il diritto di partecipare pienamente alla vita delle comunità e delle organizzazioni in cui vivono e lavorano. L'inclusione è quel processo che rende possibile e fruttuosa la collaborazione di un gruppo di persone con un mix di caratteristiche altamente differenti, incoraggiandone l'eterogeneità.

La costruzione di una cultura inclusiva può apportare notevoli vantaggi a qualsiasi contesto, tra gli altri: migliori prestazioni, apertura mentale al diverso, alto tasso di creatività, approccio open-minded sulle tematiche/difficoltà, maggior impegno e *loyalty*. La diversità fornisce opportunità, quindi, occorre accentuarne la visibilità tra il proprio personale, i propri clienti, fornitori e il pubblico in generale e sensibilizzarli sui vantaggi che può donare. In questo modo, si confermerà al personale che l'azienda è proiettata verso l'accoglienza, il rispetto e l'ascolto di tutti i tipi di persone.

Inclusione come valore per crescere e promuovere

Negli ultimi anni si è assistito ad una maggiore attenzione e consapevolezza verso l'inclusione e la diversità nelle aziende, sia dal punto di vista etico che economico. Ci sono sempre più studi che dimostrano come le aziende che promuovono l'inclusione e la diversità tendono ad essere più innovative e ad avere maggiori performance economiche.

Ci sono molti esempi di aziende che hanno implementato pratiche e politiche innovative per promuovere l'inclusione. Ecco alcuni esempi di aziende che hanno fatto progressi notevoli in questo campo:

- Salesforce: l'azienda di software ha creato un programma chiamato "Ohana", che mira a promuovere l'inclusione e la diversità tra i dipendenti. Il programma include una serie di iniziative per incoraggiare la diversità, tra cui la creazione di gruppi di dipendenti LGBT e di dipendenti di colore, e la promozione di una cultura aziendale che incoraggia la diversità e l'espressione della propria identità.
- Accenture: l'azienda di consulenza ha creato un programma chiamato "Accenture Inclusion Index" per misurare e monitorare i propri progressi nella promozione dell'inclusione e della diversità. Il programma include un sondaggio annuale dei dipendenti per raccogliere informazioni sulla loro esperienza di lavoro in termini di inclusione e diversità, e utilizza i risultati per identificare le aree in cui l'azienda può migliorare.
- EY (Ernst&Young): l'azienda di servizi professionali ha creato un programma chiamato "Building a Better Working World" per promuovere l'inclusione e la diversità tra i dipendenti. Il programma include iniziative per incoraggiare la diversità, tra cui la creazione di gruppi di dipendenti LGBT e di dipendenti di colore, e la promozione di una cultura aziendale che incoraggia la diversità e l'espressione della propria identità.

Per quanto riguarda un processo innovativo per un'azienda in termini di inclusione, potrebbe essere utile iniziare con un'analisi della situazione attuale, per capire quali sono le barriere che impediscono ai dipendenti di sentirsi inclusi e valorizzati. Una volta identificate queste barriere, l'azienda può sviluppare una serie di iniziative mirate a eliminarle, come per esempio:

- Creazione di gruppi di dipendenti per promuovere la diversità (ad esempio, gruppi di dipendenti LGBT, di dipendenti di colore, di dipendenti con disabilità)
- Formazione per i manager e i dipendenti sull'inclusione e la diversità, per aiutare a creare una cultura aziendale inclusiva e rispettosa della diversità
- Sviluppo di programmi di mentoring per aiutare i dipendenti di diverse origini e background a sviluppare le loro competenze e a progredire nella loro carriera, per esempio creando delle opportunità di mentoring cross-culturali, o mentoring per dipendenti con disabilità o per dipendenti LGBT.
- Creazione di canali di feedback e di comunicazione aperti per consentire ai dipendenti di condividere i loro pensieri e le loro preoccupazioni in merito all'inclusione e alla diversità all'interno dell'azienda
- Analizzare e monitorare regolarmente i progressi nell'inclusione e nella diversità, utilizzando strumenti come indagini sulla soddisfazione dei dipendenti, analisi dei dati demografici dei dipendenti e statistiche sulla diversità e l'inclusione
- Incoraggiare la diversità e l'inclusione nella selezione del personale, nell'assunzione e nella promozione, attraverso pratiche di recruiting diverse e l'adozione di criteri di selezione che non discriminano.
- Creare una cultura aziendale che incoraggi la diversità e l'inclusione, in cui tutti i dipendenti sentono di essere valorizzati e rispettati per chi sono e per le loro differenze individuali
- Creare programmi di sviluppo e formazione per i dipendenti per aiutarli ad acquisire competenze e conoscenze sull'inclusione e la diversità e per promuovere un ambiente di lavoro inclusivo.

Un esempio è il modello BNP Paribas una grande banca internazionale con una forte enfasi sull'inclusione e la diversità. La banca ha sviluppato diversi programmi per promuovere l'inclusione nei suoi contesti lavorativi. Ha da sempre un team dedicato che lavora in questa direzione e in/formandosi costantemente sulle esigenze dei propri colleghi e colleghe anche attraverso campagne di sensibilizzazione verso la comprensione dei "bisogni diversi" e delle singole attitudini e unicità.

Un esempio di programma di BNP Paribas è "Diversity & Inclusion Program" che mira a promuovere un ambiente di lavoro inclusivo, che incoraggia la diversità e valorizza le differenze individuali dei dipendenti.

Il programma comprende iniziative come la formazione sull'inclusione e la diversità, il supporto per le pari opportunità e la creazione di gruppi di dipendenti per promuovere la diversità. Il tutto anche un programma di mentoring per supportare i dipendenti con diverse esigenze, tra cui persone con disabilità, donne e minoranze etniche, nello sviluppo della loro carriera.

Al contempo ha anche un programma chiamato "Disability Program" che mira a promuovere l'inclusione dei dipendenti con disabilità nei contesti lavorativi. Il programma comprende iniziative come la formazione sull'inclusione delle persone con disabilità, la creazione di adattamenti per i dipendenti con disabilità e il supporto per i dipendenti con disabilità nello sviluppo della loro carriera.

Inoltre, BNP Paribas ha anche un programma per gli LGBT+ chiamato "Rainbow Network", che mira a promuovere l'inclusione dei dipendenti LGBT+ nei contesti lavorativi, attraverso iniziative come la formazione sull'inclusione dei dipendenti LGBT+ e il supporto per i dipendenti LGBT+ nello sviluppo della loro carriera. Ma li stessi processi di recruiting e selezione promuovono la diversità e l'inclusione andando nella valutazione dei candidati e delle candidate a ruoli di leadership basati solo ed unicamente sulle competenze e non sull'aspetto fisico.

Ultimo, ma non meno importante, la strutturazione di numerosi network interni tra cui quello per le pari opportunità, per le persone con disabilità, per le minoranze etniche e per gli LGBTQA+ tali da poter dialogare e fornire risposte immediate alle richieste che vengono poste e mettere in atto azioni specifiche e mirate.

L'esempio di BNP Paribas non deve far pensare che solo aziende grandi e strutturate possono andare in questa direzione, perché alla base è necessaria la volontà al cambiamento e alla cura. Riporto anche il modello di Coop Alleanza 3.0 è una cooperativa italiana che opera nel settore della grande distribuzione alimentare. La cooperativa ha sviluppato un programma di formazione e sensibilizzazione sulla diversità e l'inclusione per i propri dipendenti per promuovere un ambiente di lavoro inclusivo e rispettoso della diversità. Il programma è stato progettato per aiutare i dipendenti e le dipendenti a comprendere meglio la diversità e l'inclusione e per promuovere un ambiente di lavoro in cui tutti possano sentirsi accettati, valorizzati e rispettati.

Il programma di formazione e sensibilizzazione di Coop Alleanza 3.0 include varie attività come ad esempio:

1. Sessioni formative: organizzate per i dipendenti e le dipendenti per aiutarli/e a comprendere meglio la diversità e l'inclusione e per sviluppare competenze per creare un ambiente di lavoro inclusivo.
2. Incontri di gruppo: organizzati per discutere temi specifici legati alla diversità e all'inclusione e per incoraggiare la partecipazione e il dialogo tra di loro.
3. Comunicazione: Coop Alleanza 3.0 utilizza diversi canali di comunicazione, come ad esempio il proprio sito web, per diffondere informazioni e sensibilizzare sulla diversità e l'inclusione.
4. Misure per supportare le persone con bisogni speciali: come la possibilità di richiedere adattamenti degli ambienti di lavoro e supporto per l'accesso ai servizi.
5. Valutazione e monitoraggio: degli effetti delle attività sull'ambiente di lavoro e sui dipendenti e le dipendenti, per garantire che le azioni intraprese stiano effettivamente contribuendo a creare un ambiente di lavoro più inclusivo.

Tutte queste azioni contribuiscono a creare un ambiente di lavoro più inclusivo e rispettoso della diversità, in cui le persone possono sentirsi accettati/e, valorizzati/e e rispettati/e. In questo modo Coop Alleanza 3.0 si dimostra essere un'azienda attenta all'inclusione e alla diversità, che mira a migliorare la qualità dell'ambiente di lavoro e a promuovere la crescita personale dei propri e delle proprie dipendenti.
Difficile da adottare? Non credo, basta un po' di volontà e tutto è possibile. Logicamente partendo sempre dal primo punto. Quello di credere veramente nel valore aggiunto che porta il far sentire le persone accettate, accolte, incluse e non discriminate. Altrimenti continuiamo a girare in tondo come il criceto e non ha senso.

Nuovi programmi per persone con bisogni speciali

Chi sono le persone con bisogni speciali e come vengono considerate in Italia nei contesti lavorativi? In Italia, le persone con bisogni speciali sono spesso considerate come persone con disabilità, che possono avere bisogni diversi in base alle loro condizioni fisiche, mentali o sensoriali. Queste persone possono avere bisogno di adattamenti o supporti specifici per poter partecipare pienamente ai contesti lavorativi.

In Italia esiste una normativa che tutela le persone con disabilità, la Legge n. 68/99 (norme per il diritto al lavoro dei disabili), che obbliga le aziende con più di 15 dipendenti a garantire l'assunzione di una quota minima di lavoratori con disabilità. Inoltre, ci sono anche programmi di formazione e di reinserimento lavorativo per le persone con disabilità, e fondi per l'erogazione di contributi per l'assunzione di lavoratori con disabilità.

Tuttavia, nonostante queste leggi e programmi, molte persone con disabilità in Italia continuano a incontrare barriere nell'accesso al lavoro, come discriminazione, pregiudizi e mancanza di adattamenti e supporti nei luoghi di lavoro. Ci sono anche pochi dati e statistiche disponibili sull'occupazione delle persone con disabilità in Italia.

In generale, è importante che le aziende e le organizzazioni in Italia creino ambienti di lavoro inclusivi per le persone con bisogni speciali, attraverso l'adozione di pratiche e politiche che promuovono l'inclusione e che eliminano le barriere che possono impedire loro di partecipare pienamente alla vita lavorativa.

Storicamente, i programmi per le persone con bisogni speciali hanno avuto come obiettivo quello di fornire supporto e assistenza per queste persone in modo che possano vivere una vita quanto più indipendente e normale possibile. Ci sono vari tipi di programmi che vengono adottati per le persone con bisogni speciali, tra cui:

- Servizi educativi: programmi di istruzione speciale, adattamenti curricolari e supporto per gli studenti con bisogni speciali sono stati creati per garantire che questi studenti abbiano le stesse opportunità di apprendimento degli studenti senza bisogni speciali.

- Servizi di assistenza alla vita indipendente: programmi di assistenza alla vita indipendente sono stati creati per aiutare le persone con bisogni speciali a vivere in modo indipendente e a prendersi cura di se stesse. Questi programmi possono includere servizi come aiuto nell'igiene personale, nella cura della casa e nella preparazione dei pasti.

- Servizi di assistenza sanitaria: programmi di assistenza sanitaria sono stati creati per fornire cure mediche e servizi di supporto alle persone con bisogni speciali. Questi programmi possono includere servizi come cure mediche specialistiche, terapie e servizi di riabilitazione.

- Servizi di assistenza sociale: programmi di assistenza sociale sono stati creati per fornire supporto alle persone con bisogni speciali e alle loro famiglie. Questi programmi possono includere servizi come sostegno finanziario, assistenza alla ricerca di lavoro e servizi di counseling.

- Servizi di assistenza abitativa: programmi di assistenza abitativa sono stati creati per fornire alloggi adatti alle persone con bisogni speciali e supporto per la loro vita quotidiana.

- Servizi di assistenza al lavoro: programmi di assistenza al lavoro sono stati creati per aiutare le persone con bisogni speciali a trovare e mantenere un lavoro. Questi programmi possono includere servizi di formazione professionale, supporto per la ricerca di lavoro e adattamenti per il luogo di lavoro.

Un esempio di modello che può essere seguito per far includere le persone con bisogni speciali nei contesti lavorativi è quello della "Inclusione attiva". Il modello dell'inclusione attiva si basa sull'idea che le persone con bisogni speciali devono essere attivamente coinvolte e supportate nei contesti lavorativi, e che le organizzazioni devono adottare pratiche e politiche che promuovono l'inclusione.

Per attuare questo modello, le organizzazioni possono seguire i seguenti passi:

Identificare le barriere che possono impedire ai dipendenti con bisogni speciali di partecipare pienamente al contesto lavorativo, come ad esempio la mancanza di adattamenti o di supporti specifici.

Sviluppare una serie di iniziative mirate a eliminare queste barriere, come ad esempio:

  - la creazione di gruppi di dipendenti con bisogni speciali per promuovere la diversità
  - la formazione per i manager e i dipendenti sull'inclusione e la diversità
  - lo sviluppo di programmi di mentoring per aiutare i dipendenti con bisogni speciali a sviluppare le loro competenze e a progredire nella loro carriera.

Analizzare e monitorare regolarmente i progressi nell'inclusione e nella diversità, utilizzando strumenti come indagini sulla soddisfazione dei dipendenti, analisi dei dati demografici dei dipendenti e statistiche sulla diversità e l'inclusione

Incoraggiare la diversità e l'inclusione nella selezione del personale, nell'assunzione e nella promozione, attraverso pratiche di recruiting diverse e l'adozione di criteri di selezione che non discriminano.

Creare una cultura aziendale che incoraggi la diversità e l'inclusione, in cui tutti i dipendenti sentono di essere valorizzati e rispettati chi sono e per le loro differenze individuali.

Creare programmi di sviluppo e formazione per i dipendenti per aiutarli ad acquisire competenze e conoscenze sull'inclusione e la diversità e per promuovere un ambiente di lavoro inclusivo.

Non riflettiamo che anche noi, persone normodotate che ci riteniamo "normali", utilizzando l'ennesima etichetta che porta ad escludere più che includere, possiamo trovarci in qualsiasi momento della nostra vita a non poter svolgere le attività come abbiamo sempre fatto. Basti pensare ad un problema all'anca, che ci porta a zoppicare, un dolore alla cervicale che non ci permette di svolgere le nostre attività. Beh, in quel momento riflettiamo come le azioni quotidiane, caratterizzate anche dal dover svolgere il proprio lavoro sedute a sedie non adatte alla nostra fisicità, delle scale prive di appoggi o strumenti che ci favoriscano la salita, possono rappresentare una privazione grandissima.

Il senso di frustrazione non rientra in alcuna casistica, sempre sopraffatto dall'adattabilità che ci caratterizza. Ma nei contesti aziendali è necessario intervenire con percorsi formativi inclusivi che portino a far comprendere al meglio le esigenze delle persone con diverse abilità, quelle che ci rendono uniche/i e in grado di poterci supportare in ogni momento.

Ci sono molte aziende italiane che si sono distinte per la loro attenzione all'inclusione delle persone con bisogni speciali. Alcune di queste aziende sono:

Enel: L'azienda ha adottato una serie di iniziative per supportare le persone con disabilità, tra cui la creazione di posti di lavoro adatti alle loro esigenze e la formazione del personale per lavorare in modo inclusivo.

Allo stesso modo possiamo citare Telecom Italia, Pirelli, A2a, Trenitalia ma i modelli sono tanti e se si vuole davvero apprendere come migliorare basta scovare e condividere. Due verbi che spesso vengono dimenticati al pari dei diritti delle persone.

Perché se è vero che oggi l'attenzione al linguaggio è importante, spesso le persone vogliono più le azioni e le risposte sincere, quelle che fanno conquistare o perdere la fiducia nei referenti, quelle che demotivano o spingono ad andare avanti con maggiore vigore. Siamo esseri viventi capaci di pensare senza che qualcuno/a ci condizioni o ci dica cosa è giusto o meno.

Le persone con bisogni speciali hanno necessità di attenzioni, che qualcuno/a comprenda le loro abilità e questo è possibile solo ed unicamente attraverso l'ascolto e la predisposizione al non giudizio. Se in un contesto aziendale si va avanti ad etichette non per comprendere o rivendicare dei diritti, ma per discriminare e relegare solo ed unicamente ad alcune mansioni determinate persone, noi non ci evolveremo mai.
L'azione effettuata in Banca d'Italia nel togliere dal ruolo di call center/centralino tutte le persone non vedenti e valutando le loro competenze e abilità, offrire la possibilità di ricoprire nuovi ruoli è da portare come esempio. Siamo così abituate/i a semplificare – da sempre i non vedenti o gli ipovedenti vengono assunti in ruoli di centralinisti come se non sapessero o potessero fare altro – al punto da non vedere pur avendo il dono della vista.

Mi auguro che tutto questo cambi perché la ns società ha bisogno di vedere trasformati quei paradigmi standard e rigidi nei quali abbiamo vissuto fino ad ora, perché non è più tempo di continuare con azioni...perché si è sempre fatto così.

Benessere organizzativo e inclusione a cura di Elisabetta Dallavalle

R. Elisabetta Dallavalle *- Personalmente sentivo forte l'esigenza di restituzione e di azione per il bene comune grazie anche a quanto acquisito nella mia progressione all'interno di un contesto lavorativo multinazionale dove sono cresciuta, per oltre 20 anni, ed ho potuto mettere a frutto una strategia integrata di Benessere organizzativo, Diversity Equity & Inclusion, ancora in tempi non sospetti. Da qui l'idea di avere sempre, a sostegno, fatti e dati.*

Dapprima intraprendo il percorso di divenire libera professionista, oggi infatti ho la responsabilità HR e della Stream Wellbeing Happiness e Diversity Equity & Inclusion all'interno del Gruppo &Forward di Milano https://andforward.com/ e la mia quotidiana restituzione è seguire e sostenere i Team e guardare alle Organizzazioni supportandole, in consulenza, con strategie integrate e tailor-made rispetto al loro agire il BenEssere e l'Inclusione delle loro persone.

Ritornando ai dati, l'Osservatorio italiano BenEssere Felicità, che ho fortemente voluto e sostenuto nella sua costruzione, è un progetto annuale dell'Associazione Ricerca Felicità (associazione non profit che ho fondato). Nasce dall'incontro con il Prof. Sandro Formica ed Elga Corricelli e mira a voler comprendere lo stato attuale di felicità e benessere nel nostro Paese, per la misurazione dello stato di salute della felicità e del benessere dei lavoratori sia nella dimensione aziendale sia in quella individuale e sociale fermo restando, il focus, gli individui nella loro interezza. Attraverso un'indagine annuale vengono coinvolti, ogni anno oltre 1000 partecipanti lavoratori (manager o collaboratori di azienda, liberi professionisti, piccole medie e micro imprese) divisi a seconda delle età (Baby Boomers, Generazione X, Millennials e Generazione Z), sesso e appartenenza territoriale (nord ovest, nord est, centro e sud). La letteratura internazionale è ricca di riflessioni e ricerche sul tema del benessere e della felicità ma sentivo la necessità di dotarmi di uno strumento puntuale, in grado di offrire numeri per comprendere lo stato attuale della felicità e del benessere dei lavoratori italiani. L'idea di fondare un Osservatorio era da tanti anni che mi girava in testa e, grazie all'incontro con diversi professionisti, oggi ne posso vedere i frutti. L'Osservatorio è nato con l'obiettivo di misurare periodicamente lo stato di salute di felicità e benessere senza la pretesa di avere le risposte, ma per porsi le domande giuste e aiutare il mondo delle istituzioni, le organizzazioni profit, non profit, le scuole e gli enti educativi e i media a studiare un orientamento culturale all'interno del movimento Wellbeing – Happiness & Inclusion, in continua crescita ed evoluzione in Italia e nel mondo.

L'intento di mettere in condivisione, in rete, connessione e condivisione questo sapere e poter collaborare, appunto con istituzioni, organizzazioni profit no profit, scuole enti educativi e studiare insieme gli strumenti migliori per far evolvere il benessere e la felicità nella nostra società, per il bene comune del nostro sistema paese, mi sta particolarmente a cuore ed ogni volta che incontro interlocutori di organizzazioni mi prodigo per questo, insieme a loro, co-costruendo la via strategica più idonea.

Le mie personali esperienze di agire, il tema del benessere e dell'Inclusione e che tocco con mano nelle organizzazioni e dunque anche come Osservatorio, vanno nella direzione del valore generato da progetti che rispondano alle reali esigenze delle persone e che con loro vengano co-costruiti. Le persone stesse sono i primi agenti e ambasciatori del reale cambiamento e del miglioramento continuo culturale e sociale, della reputazione aziendale.

Essi stessi, se lo possono vivere concretamente e ne sono parte attiva ne sono poi i principali testimoni e lo condividono dentro e fuori l'organizzazione nei diversi sistemi che vivono, non solo quello lavorativo ma anche quello familiare, amicale e sociale. Insomma, un tangibile circolo virtuoso che ci vede tutti vincenti anche a livello di sistema paese. È certamente un cammino che, se conosciuto e promosso, accolto quotidianamente, diviene un sentiero che vede le persone davvero centrali e generative. È curando ogni giorno il proprio benessere individuale e sociale, nel rispetto della reale inclusione, che le persone poi aumentano il loro livello di responsabilità e il loro spirito imprenditoriale. Per questo ritengo fondamentale aprire una "finestra" culturale sull'agire il benessere, la felicità e l'inclusione delle persone, sia perché allenare la felicità è possibile, sia perché la congiunzione di questi tre elementi può migliorare la qualità della vita e accrescere il bene comune, riflettendosi, poi, sull'economia del nostro paese. Di questo ne scrivevo già a suo tempo nella mia pubblicazione dell'8 Marzo 2019 – Tutta questione di Benessere – Ed. Licosia. La felicità è possibile in ogni dimensione, anche al lavoro ed è una tecnologia sociale capace di far fiorire il potenziale di ogni persona e le aziende, che, ogni giorno, hanno bisogno di innovazione e creatività, è scientificamente attestato, sono davvero tanti i nomi degli illustri ricercatori che supportano questa deriva.

Anche durante il recente World Happiness Summit® WOHASU® https://worldhappinesssummit.com/ di Miami, tutti questi concetti sono emersi fortissimi. Detto questo, lo studio ma in particolare l'implementazione sul campo delle Strategie di People Caring, di Wellbeing Diversity Equity & Inclusion, mi permettono di evidenziare che le leve primarie o meglio le direttrici primarie sono la traiettoria del ciclo di vita delle persone e la linea delle diverse generazioni che si intersecano all'interno delle organizzazioni. Strategicamente se si considerano queste due traiettorie unite all'ascolto attivo delle persone, anche in modo informale e le si attivano nella co-costruzione, co-progettazione, è evidente che la strategia di Benessere ed Inclusione che viene disegnata ed implementata risponde ai reali bisogni delle persone, mette insieme i bisogni e i valori, l'espressione delle molteplicità della persona e dunque agevola la progressione verso un Benessere organizzativo diffuso dove le componenti dei bisogni valori e purpose personali si intersecano e sostengono i bisogni, valorie il purpose aziendale. Per questo, il mio intento, anche grazie a questo spazio di riflessione, per cui ringrazio l'Amica Marcella, è quello di continuare ad alleare più organizzazioni che possano implementare queste strategie a nutrimento di un bene comune diffuso, del nostro sistema paese.

Tutto molto bello, si vero, ma dobbiamo continuare ad essere pragmatici e consapevoli che vi sono ancora dei limiti, da scardinare, ed il principale è la nostra cultura!! Per questo ribadisco che questo spazio di riflessione offerto da Marcella Loporchio, sia fondamentale per noi tutti, per il nostro paese ed in particolare a sostegno delle nuove generazioni.

Il cambio di mindset, verso una leadership partecipata, coinvolgente, generativa e sostenuta dal basso è davvero efficace, anche in questo caso parlo per fatti e dati provati e supportata anche da tante voci e mentori sul tema, ancora una volta cito le parole che mi sono state più volte ribadite dal Prof. Stefano Zamagni[62] con il quale in più occasioni ho avuto modo di dialogare che riguardano" l'asfissia" dei sistemi organizzativi se la persona non ha modo di esprimersi e non è sostenuta nella propria autodeterminazione nella propria consapevolezza, e da ultimo, non perché meno importante, riporto qui anche alcune importanti sollecitazioni del Prof. Martin Seligman[63] – papà della psicologia positiva - che ho avuto l'onore di incontrare ed ascoltare in un suo recente intervento tenuto al Summit Mondiale cui ho partecipato negli Stati Uniti, nel marzo scorso, il World Happiness Summit® WOHASU® https://worldhappinesssummit.com/ che si tiene ogni anno in occasione della giornata internazionale della felicità voluta dall'ONU, come indicavo, anche il Prof. Martin Seligman, ci ha più e più volte sollecitati, ha stimolato tutta la platea rispetto alla garanzia delle relazioni

[62] 1 Il Prof. Stefano Zamagni è un economista e accademico italiano, dal marzo 2019 è Presidente della Pontificia Accademia delle Scienze Sociali.

[63] Il Prof. Martin Seligman è uno psicologo, accademico e saggista statunitense. È considerato il fondatore e padre della psicologia positiva. Secondo lo studio di Haggbloom ed altri tra gli psicologi più eminenti del ventesimo secolo, Seligman era il tredicesimo psicologo più citato nei manuali introduttivi di psicologia del secolo.

https://psychology.sas.upenn.edu/people/martin-seligman

https://ppc.sas.upenn.edu/people/martin-ep-seligman

quali ruolo fondamentale di un cambio culturale e di una azione verso il benessere dei sistemi.

La FELICITÀ, come afferma il Prof. Martin Seligman, è la CAUSA/EFFETTO di:
- Migliore salute e longevità;
- Migliori relazioni sociali;
- Migliore produttività nel lavoro (o studio);
- Comportamento virtuoso;
- Creatività e innovazione;
-Resilienza.

La felicità tradotta in ottimismo è molto PIÙ rilevante nei momenti difficili e negli eventi avversi perché è uno stato cognitivo che dà la certezza che tutto andrà bene in futuro. Il PERMA Mode®[64], ad esempio, il suo metodo, cui lui fa riferimento, è quanto mai riconfermato, anche di questi tempi, specialmente in questa nuova ERA TUNA/VUCA – COVID[65], il PERMA Model® PERMA™, capace di mettere in circolo relazione, scopo, significato, engagement, emozioni e vitalità della persona. Detto questo, in conclusione, ritengo che sia emerso lampante dalle mie parole, come sia necessario un modello partecipato e partecipativo nel quale concretamente la persona possa mettere in condivisione tutta se stessa i propri bisogni, valori, il proprio scopo e con essa si possa co-costruire la migliore progressione per un futuro sostenibile socialmente e per la garanzia di sostenibilità e salute organizzativa nel lungo periodo, per un reale Benessere ed Inclusione delle persone.

---

[64] PERMA™ Teoria del Benessere - Che cos'è la fioritura umana e cosa lo consente? La teoria del benessere PERMA™ del Prof. Martin Seligman è un tentativo di rispondere a queste domande fondamentali. Ci sono cinque elementi costitutivi che consentono di prosperare – Emozione positiva, Impegno, R elazioni , Significato e Complimento (da cui PERMA ™) – e ci sono tecniche per aumentarli.
https://ppc.sas.upenn.edu/learn-more/perma-theory-well-being-and-perma-workshops
https://positivepsychology.com/perma-model/

[65] Turbulent-Uncertain-Novel-Ambiguous (TUNA) è l'acronimo utilizzato da un programma di formazione per dirigenti dell'Università di Oxford al posto del più familiare VUCA: volatile, incerto, complesso, ambiguo. Ma in entrambi i casi l'ambiente esterno cambia rapidamente e in modo imprevedibile. Ciò che ha funzionato ieri non funzionerà domani. In entrambi i casi, che l'acronimo utilizzato sia VUCA o TUNA, i cambiamenti repentini del mercato influenzano profondamente il modo di fare business. Il mercato moderno richiede una grande capacità di analisi e di velocità di risposta per ottimizzare le risorse disponibili.

Pratiche di inclusione e nuova prosperità nelle aree marginali. Questa impresa non è un'azienda! A cura di Anna Forciniti

Piccola città, stradina nascosta, interno giorno, 4 metri quadrati di spazio infinito, un chiosco ribelle per gli amanti della bella carta: *the paradise built in the hell*. Entra un signore ed esordisce: "Ma quindi questa azienda...". Antonio lo interrompe: "Questa è un'impresa. In tutti i sensi. Smettiamo di chiamare *aziende* le imprese, per favore"[66].
/Im·pré·sa/, che bella parola. Nella definizione che ci ha lasciato Tullio De Mauro è *attività, azione importante e difficile, che richiede particolare impegno e comporta dei rischi: un'impresa è eccezionale, pericolosa, ardua [...]*[67] prima ancora di essere *attività economica organizzata per la produzione e lo scambio di beni e servizi*, come la definisce il nostro codice civile[68]. *L'azienda è lo strumento attraverso cui viene esercitata l'impresa*, dice ancora il codice civile[69]. Ma possono esserci modi per *fare l'impresa* che siano diversi da quella idea di azienda che ci ha portato a sviluppare il modello della crescita infinita su cui si basano le nostre economie e il nostro vivere? Le nostre economie, le nostre aziende – per l'appunto – sono sempre più delle gabbie funzionali alla società di mercato, contesti che ci portano a capitalizzare tutto il più possibile: il nostro tempo, le nostre relazioni, i nostri talenti perfino; rendere tutto commercializzabile per ottenere indietro un successo che c'entra poco con la felicità. Un immenso accumulo di performance. Misurata con il PIL. I sistemi sociali costruiti su economie così impostate ci stanno mostrando tutte le loro fragilità e le loro ingiustizie sistemiche. Il crescente divario nella qualità della vita e nelle opportunità tra coloro che beneficiano del valore creato e coloro che non ne beneficiano ci dimostra quanto sia urgente cercare forme e misure di progresso che vadano oltre la crescita economica[70]. È ampiamente riconosciuto che il perseguimento di una crescita in costante aumento non è sostenibile in un contesto di risorse planetarie limitate, né ci fornisce risposte adeguate ad affrontare e risolvere le enormi disuguaglianze sociali che stiamo generando.

---

[66] Ringrazio per questo aneddoto *Edicola 518*, 4 metri quadrati di spazio infinito a Perugia.
[67] T. De Mauro, *Il dizionario della lingua italiana per il terzo millennio*, Paravia, 2000.
[68] Codice Civile, art. 2082.
[69] Codice Civile, art 2555.
[70] Si veda H.L. Moore & N. Mintchev, (2021) What is prosperity? London, Institute for Global Prosperity.

Tuttavia, i modelli di sviluppo continuano a basarsi su paradigmi che considerano poco la dignità e i diritti delle persone, oltre che del pianeta. Ubriachi di una ormai vecchia definizione di successo e di sviluppo, continuiamo a vivere in quello che mi appare come un grande bluff: la creazione di valore economico come obiettivo primario, la grande metropoli come promessa di successo, le grandi corporate come luoghi privilegiati di lavoro in cui esprimersi, e dove il benessere delle persone assurge a tema di interesse solo perché funzionale all'aumento della loro produttività.

È necessario trovare nuove parole, o ridefinirle. Perché le parole strutturano il pensiero. È urgente cominciare a parlare di un'abbondanza che sia meno interessata alla ricchezza e più attenta alle cose a cui le persone tengono, alle loro aspirazioni, al loro scopo. Parlare di prosperità. Una prosperità che si nutra di benessere e che dia significato concreto alla cura del bene comune. Che costruisca una relazione non estrattiva ma simbiotica con l'ambiente circostante. Che non consideri la città come il punto più avanzato di ogni sperimentazione e come destino a cui aspirare.

Ridefinire la prosperità significa mettere in discussione sia le caratteristiche strutturali delle nostre economie sia le premesse di valore su cui sono costruite. Proverò qui a raccontare come modi nuovi di fare l'impresa possano aprire le porte non solo a idee innovative ma anche a nuove pratiche che agiscono l'inclusione. Una prosperità ripensata che ha a che fare con la felicità e non con il PIL; con i piccoli luoghi e non con le grandi città; con le Comunità e non con le Corporate. Con la sobrietà e non con l'ubriacatura.

Da un'economia ubriaca a un'economia sobria.

Sobrietà è una parola di cui ho sempre amato innanzitutto il suono: una musica non barocca. Sobrietà significa puntare all'essenziale, connettersi al cuore delle cose, essere presenti a sé stessi. La nuova prosperità è sobria, si nutre di nuovi immaginari per coltivare semi di futuro.

Dove si può coltivare e generare la nuova prosperità? Dove si possono intravedere quei semi di futuro? Trovo che la risposta sia nel di-vertimento.
/Di·vèr·te·re/ significa volgere altrove lo sguardo, cambiare rotta, non stare seduti dove stanno tutti. Cambiare occhiali, vedere l'opportunità nascosta nello scarto, nell'inutilizzato, nel dimenticato.

E in questa digressione trovare una nuova misura della felicità: non come risultato del successo nella competizione ma come risultante della creazione di relazioni, di connessioni tra le persone e le loro unicità. Una felicità che si costruisce dilettandosi, ricreandosi[71], incontrando le diversità, liberando l'autenticità. Divertendosi, quindi. Il valore di stare *in-between*: del perché i luoghi marginali possono diventare laboratori di inclusione

Volgere lo sguardo ai luoghi marginali, alle comunità locali, può aiutarci a capire cosa significhi prosperità nel contesto delle vite vissute e come può diventare una direttrice per un nuovo modello di sviluppo e di generazione di impatto sociale.

Chi nasce in territori dimenticati, lontani dalle grandi città, vive un profondo conflitto. Restare o partire? Fermarsi o andare verso un altrove che promette autorealizzazione? Questo conflitto si è troppo spesso risolto nell'abbandono. È stato certamente così per le generazioni passate, compresa la mia: andare via era *urgenza di esistere*, come scrive Vito Teti in La Restanza[72]. Ma le cose si stanno trasformando. Assistiamo a movimenti fluidi, soprattutto da parte dei giovani: desiderio di restare, di andare, tornare, di stare *in between* e in questo movimento costruire, generare nuove forme di autorealizzazione. Ed è così che la nuova prosperità trova terreno fertile, diventando base di costruzione di una Economia dell'Appartenenza[73].

---

[71] Dizionario Treccani, (ant. ricrïarsi) v. tr. [dal lat. recreare, comp. di re- e creare. Giocare, distrarsi, sollazzarsi, deliziarsi, divagarsi.

[72] Vito Teti, *La Restanza*, Einaudi, 2022.

[73] "Un nuovo modello economico basato su quell'insieme di relazioni territoriali e comunitarie mutuamente supportantesi e immediatamente disponibili, e su quel sistema di valori comuni, di simboli e di risorse, a volte latenti, che, fungendo da attivatori e da ponte tra gli stakeholder, permettono di rendere efficaci e duraturi anche gli ambiti relazionali creati per finalità economiche e i correlati processi di scambio. Un modello che, accettando le sfide della globalizzazione, della digital transformation e della transizione ecologica, appare in grado di generare una reazione sistemica a livello comunitario, affrontando proattivamente il cambiamento, gestendo le relazioni e gli scambi in modo consapevole e responsabile e riducendo il ruolo e l'impatto delle vecchie strutture e dei vecchi processi". Definizione di Economia dell'Appartenenza fornita da Francesco Manfredi, Professore Ordinario di Economia Aziendale, Pro-Rettore alla Formazione Manageriale Postgraduate e Terza Missione, Università LUM Giuseppe Degennaro, membro del Comitato scientifico del Salone della CSR.

L'appartenenza a valori profondi, a se stessi, a luoghi con un'anima diventa catalizzatore per costruire intorno a spazi spesso degradati o sottoutilizzati forme relazionali e collaborative nuove tra attori diversi, e così rispondere con maggiore efficacia alle sfide sociali che caratterizzano la nostra epoca. Quando partire e restare non sono più dicotomie ma esperienze che si arricchiscono a vicenda, ecco che quei luoghi diventano territori di mescolanza, autentici laboratori di apertura e inclusione. Alternative di valore all'economia della performance, capaci di generare significato. Parlo di paesi interni, di aree rurali, di tutto ciò che è periferia. Spazi di complessità, non certo borghi da mercificare attraverso una bellezza stereotipata. Territori dove ritrovare le radici nelle forme abitative semplici, spesso vicino alla terra, e al tempo stesso guardare al futuro nelle modalità e nell'immaginazione di modelli relazionali. Luoghi dove si fa innovazione sociale valorizzando le intercapedini tra apparenti ossimori: tra radici e futuro, tra giovani e vecchi, tra terra e tecnologia, tra comunità permanenti e comunità temporanee, tra prossimità e distanza, tra memoria ed esplorazione. Luoghi che possono trovare la sintesi tra i bisogni di chi vi abita, di chi vi torna, di chi è solo di passaggio. Spazi ritrovati, che fanno restare vivi i luoghi e le persone, riconnettendoli.

La Rivoluzione delle Seppie: un'ibrida tribù di partenze, restanze, mescolanze

La Rivoluzione delle Seppie è un ipercollettivo che nasce e si alimenta di uno spirito internazionale ma che trova posto in una piccolissima comunità calabrese, *Belmonte Calabro*, piccolo centro ai bordi dell'entroterra cosentino, adagiato su una collina che guarda il mar Tirreno. Un gruppo internazionale di professionisti e studenti, che si definiscono comunità effimera, perché di passaggio; e ibrida, perché fatta di diversità. La Rivoluzione delle Seppie sperimenta nuovi modi di vivere, imparare, lavorare collettivamente con l'obiettivo di creare benessere e dinamismo culturale ed economico, sinergia e collaborazione tra realtà globali e locali, nuove modalità di incontro e attraversamento dei territori.

Il progetto prende vita nel 2016 quando alla London Metropolitan University, nasce l'idea di realizzare un'esperienza di Summer School in Calabria, per sperimentare nuovi linguaggi dell'architettura basati sul learning by doing. L'anima del progetto è Rita Elvira Adamo, al tempo studentessa all'università londinese, che propone di far partire il progetto dal piccolo paese in cui è cresciuta.

Con l'arrivo dei primi 13 studenti si avvia un percorso di riattivazione territoriale che si consolida l'anno successivo con la nascita dell'Associazione Le Seppie e la collaborazione con il collettivo di architettura Orizzontale: insieme sono La Rivoluzione delle Seppie e finalizzano un partenariato con l'Università londinese, un protocollo con il Comune di Belmonte Calabro e la collaborazione con l'Associazione Ex Convento, impegnata proprio sui temi del welfare culturale nelle aree marginali della Calabria. Negli anni – anche quelli della pandemia - arrivano sempre nuovi impulsi e crescono le iniziative pensate per alimentare gli scambi tra la realtà locale e la rete internazionale di abitanti temporanei che giungono a Belmonte ciclicamente. Si attiva il programma South Learning, accogliendo gli studenti internazionali per sperimentare un'alternativa alla didattica a distanza. Con effetti collaterali inaspettati: il primo bancomat in paese, lezioni di inglese al bar del corso, creazioni fatte a più mani da studenti e maestranze locali.

Crossing è l'iniziativa che annualmente trova il punto di massima contaminazione per sviluppare progettualità sul territorio: residenze, workshop di autocostruzione, eventi, laboratori, momenti di formazione, di socialità, sempre coinvolgendo la comunità locale, le maestranze, alimentando il prezioso Genius Loci. Iniziative che stanno contribuendo a cambiare la percezione di un luogo: non l'antico borgo, ma la nuova comunità fatta da diverse forme di produzione, da rinnovati confronti, da altri rapporti sociali. È il luogo d'origine che si contamina con altri luoghi, sono le esperienze di chi viaggia e torna, mescolate a quelle di chi è rimasto. E che trova casa nel BelMondo costantemente in costruzione: è l'ex Casa delle monache – di proprietà comunale - trasformata in una fabbrica di idee, ricerca e sperimentazione, attraverso un percorso di rigenerazione continua a cui si lavora di anno in anno, con l'intento di rendere l'ambiente funzionale mentre viene vissuto. Aperto a tutti, con le sue sale collaborative, è destinato a far parte del contesto urbano, e accoglie migranti, accademici, professionisti, abitanti temporanei e locali. Un progetto che va oltre - nei fatti - rispetto alla retorica del Borgo cartolina. La Rivoluzione delle Seppie non si ferma al centro storico di Belmonte ma sbarca alla Marina, l'area più difficile di questi luoghi marginali: rappresentazione della perdita di identità che si è consumata nelle aree litoranee di tanta parte del nostro Paese, con un'edilizia irrispettosa e dove è davvero sfidante scorgere bellezza.

Ebbene, la bellezza è stata ritrovata guardando con occhi nuovi l'inutilizzata struttura del mercato comunale. Con gli occhi della cura. Ho avuto il piacere di dare il mio contributo a La Rivoluzione delle Seppie in più momenti di co-creazione e collaborazione trasversale.

Nell'estate 2022, nell'area del mercato comunale, abbiamo ideato *Le Tavolate*[74]: tutti gli abitanti del paese sono stati invitati nell'area dismessa del mercato, e intorno a una tavola imbandita di cibo e di idee, abbiamo vissuto un'esperienza di co-creazione e dialogo che ha portato a immaginare quell'area come un luogo vivo di aggregazione. Un'area che adesso si sta realmente trasformando e sta tornando ad essere di tutti.
Intorno alla tavolata si era creata una comunità ibrida con occhi nuovi che ha espresso in quel luogo dimenticato la sua massima generatività.
Quella mescolanza così arricchente tra chi vive lì da una vita, chi è tornato, chi è di passaggio, chi sogna di andare, chi di restare, chi si impegna, chi è più disincantato.
Un esempio di espressione dell'intelligenza collettiva: quel deposito straordinario di storie, radici, pensieri, conoscenza, che appartengono al territorio, a chi lo abita, e che si mescolano con le storie di chi arriva.
«Siamo riusciti a creare una connessione fortissima, il paese si è preso cura di noi ed è diventato una grande casa. La comunità temporanea oggi è una comunità permanente, in continua evoluzione. I *guaglioni* di Londra sono diventati i *guaglioni* del mondo e ormai a Belmonte non ci aspettano più come se il nostro arrivo fosse un avvenimento straordinario, sanno che ci siamo e continueremo ad esserci»[75].
Partendo da Belmonte e incrociando linguaggi ed esperienze diverse, questa comunità in movimento su "confini dinamici" sta impegnandosi a costruire un modello di vita e lavoro collettivo da contrapporre all'iperspecializzazione e alla competitività, con un forte senso di comunità e appartenenza e con il desiderio di trovare soluzioni a problemi reali: un luogo fatto di nomi propri.
In questo senso rappresenta un terreno di sperimentazione della nuova prosperità.

Una leadership ecosistemica

Rileggere in filigrana l'esperienza de La Rivoluzione delle Seppie mi fa pensare che siamo di fronte ad un nuovo modello di leadership in *nuce*: quello che trova nell'inclusione il suo valore fondante, nell'intelligenza connettiva il suo talento più bello, nell'orchestrazione la sua capacità più generativa, nel saper cogliere risonanze e stabilire connessioni con le persone e le loro vite la sua forza.

---

[74] Tra le metodologie di co-creazione abbiamo utilizzato *Fresh Eyes Sketching*, tratto da S. Stein Greenberg, *Creative Acts for Curious People*, Stanford d.school book, Penguin Business, 2021.

[75] Rita Elvira Adamo, Ph.D in Architecture and Territory. Co-founder La Rivoluzione delle Seppie.

È una leadership ecosistemica, che ibrida, che mescola, che sa scorgere le continue e mutue interconnessioni tra fenomeni, ambiti, mondi, persone apparentemente distanti. Che sa immaginare e vedere oltre muovendosi tra realtà e desiderio di costruire il futuro. Che parla con le persone mentre attraversano quei luoghi e quelle strade e consente alle comunità di appropriarsi degli spazi in base alle esigenze collettive e ai bisogni sociali emergenti. È il valore dello human touch. È una strada intrigante perché ci richiede quel coraggio e quella spregiudicatezza che ci porterà a inventarci davvero un nuovo futuro, i luoghi che abiteremo, i luoghi in cui lavoreremo, i modi in cui vivremo. E il mondo che lasceremo ai nostri figli e alle nostre figlie. E questa non è un'azienda, è un'impresa collettiva.

-Anna Forciniti

Un ringraziamento speciale va a Rita Elvira Adamo, Ph.D in Architecture and Territory. Co-founder La Rivoluzione delle Seppie. I suoi racconti, la condivisione della visione, la fiducia e il coinvolgimento nel progetto hanno ispirato questa mia riflessione.

Bibliografia di riferimento per tale intervento:

Aa. vv.
Our Time on Earth, Barbican Centre London, 2022

Barbera, F. – Cersosimo, D. – De Rossi, A
Contro i borghi, Donzelli, 2022

Gancitano, M. – Colamedici, A.
La società della performance, Tlon, 2018

Graeberg, D.
Bullshit Jobs, Garzanti, 2018

Granata, E.
Placemaker, Einaudi, 2022

Henderson, R.
Reimagining Capitalism in a World on Fire, Public Affairs, 2018
Jullien, F.

L'identità culturale non esiste, Einaudi, 2018
Mayer, C.

Prosperità, dal profitto al benessere, Ayros, 2021
Moore, H. L. - Mintchev, N.

What is prosperity? University College London, Institute for Global Prosperity.

Stein Greenberg, S.
Creative Acts for Curious People, Stanford d.school book, Penguin Business, 2021.

Stiglitz, J. E. – Sen, A. – Fitoussi, J. P.
La misura sbagliata delle nostre vite, Rizzoli Etas, 2010

Teti, V.
La restanza, Einaudi, 2022

Venturi, P. – Zandonai, F.
Dove. La dimensione di luogo che ricompone impresa e società, Egea, 2019

Città dal futuro, Nuovi stili di vita e mutazioni urbane attraverso la crisi.
Dialogo collettivo proposto da Agazzi, D. – Brambilla M. – Daelli S.

Scannerizza il Qr Code:

Capitolo 4
Ugualmente diversa e unica

Introduzione a cura di Marcella Loporchio

Come Business Consultant e formatrice, da oltre trent'anni mi dedico all'incremento della produttività e del benessere delle persone. Ritengo che sia importante creare un ambiente di lavoro in cui ognuno possa esprimere il proprio potenziale, e sono convinta che ciò si ottiene attraverso una corretta gestione delle risorse umane.

La mia metodologia prevede un'analisi approfondita del potenziale del singolo, con report specifici e dettagliati che definiscano il trend di sviluppo interno ed esterno in ogni ambiente. Questo mi permette di offrire soluzioni personalizzate per ogni singola azienda, al fine di aiutarla a far crescere il suo Human Power.

Oltre ai servizi di supporto e sviluppo per le aziende, offro anche consulenza integrata per le persone. Il mio approccio è interattivo e pratico, e combina tecniche tradizionali con metodologie moderne come la gamification. L'obiettivo è quello di creare percorsi personalizzati e duraturi per aiutare le persone a raggiungere i loro scopi.

In definitiva, mi piace definirmi come una "sarta dello Human Power", che lavora con impegno e passione per aiutare le aziende e le persone a raggiungere il massimo delle loro potenzialità.

Il mondo del lavoro sta evolvendo verso una maggiore inclusività e valorizzazione delle diversità. Per le aziende che vogliono mantenere un vantaggio competitivo e creare un ambiente di lavoro soddisfacente per i propri dipendenti, diventa sempre più importante adottare un modello che tenga conto di questi aspetti.

In questo contesto, ho sviluppato un modello pratico per aiutare le aziende a diventare veramente inclusive e valoriali. Il modello è basato su best practice e sulla mia esperienza nel campo.

Il modello comprende una serie di passaggi concreti che le aziende possono seguire per creare un ambiente che valorizzi la diversità e permetta ai dipendenti di esprimere il proprio potenziale.

Questi passaggi comprendono l'analisi delle dinamiche interne all'azienda, la formazione e la sensibilizzazione dei dipendenti, la creazione di processi e pratiche che favoriscano l'ottimizzazione delle diversità, e la definizione di indicatori di performance per valutare i risultati.

Il modello è stato testato con successo in diversi contesti e aziende di diverse dimensioni e settori, prevede degli step comuni, ma viene modellato di volta in volta in base al contesto perché, proprio come gli esseri umani, anche le aziende sono uniche e ben distinte tra loro!

Il mio modello d'intervento

A) Step 0: Approccio con l'azienda e verifica degli eventuali punti in comune per intervenire

Per stabilire il primo contatto con l'azienda, effettuo una ricerca target per comprendere i trend, gli interessi e le sfide dell'azienda stessa inerenti alle tematiche di diversità, parità e inclusione. Instauro una relazione con il soggetto in questione tramite un messaggio o una connessione su LinkedIn (in questo modo si supera lo scoglio cruciale del "non conoscersi"), presentandomi e chiedendo la possibilità di approfondire la tematica in una chiamata o un incontro di persona.

In tutta questa fase osservo le pubblicazioni su LinkedIn del soggetto, per ottenere informazioni di vario tipo, e continuo a pubblicare dei post tali da diventare più attrattiva e da motivare alla collaborazione.

Per individuale eventuali punti in comune con l'azienda, svolgo un approfondito studio di mercato, identificando le aziende più adatte per rappresentare un role model da cui partire. Inoltre, per ottenere quante più informazioni sul settore di competenza, mi smuovo tra letture di giornali e riviste, incontri di networking, pagine social... ogni fonte disponibile è utile per cogliere la giusta contestualizzazione (fondamentale per strutturare i passaggi successivi). Per comprendere al 100% le esigenze dell'azienda stessa, offro servizi consulenziali incentrati sulla valorizzazione delle risorse interne e capaci di creare un ambiente di lavoro sereno e armonioso.

Pongo domande mirate in merito a:

1) Mission e politica dell'azienda sulle tematiche in questione;
2) Verifica di quali azioni e quanto impegno è stato già messo in atto sulle tematiche in questione (ad esempio: programmi di diversità, formazione del personale, promozione di assunzione delle donne o delle minoranze in azienda);
3) Eventuali survey per valutare la cultura e la percezione all'interno dell'azienda per determinare davvero come supporta il diversity, equity e inclusion. Se pubblica, viene richiesta la visione della policy aziendale e il codice etico e/o delle diversità.

B) A che punto siete? Calarsi nel contesto e definire i fabbisogni formativi

Dopo l'approccio conoscitivo con l'azienda passo alla fase di definizione dei fabbisogni formativi.

Qui si procede per "esclusione", ovvero invio un questionario standard che comprende argomenti afferenti alla cultura aziendale, fino alla definizione e strutturazione di ruoli, mansion, attività definizione di benessere e cosa effettivamente si vuole effettuare. Solitamente il questionario viene calibrato anche in base alle dimensioni dell'azienda in questione: non si può organizzare un lavoro dello stesso tipo su una piccola e una grande azienda. Il modello è tailor made ecco perché parlo di "esclusione" e non inclusione. È preferibile includere molte informazioni che poi possono essere utilizzate come base per stabilire le priorità, piuttosto che lasciare dubbi o insoddisfazione per un bisogno anche latente che deve essere scoperto. I punti di riferimento in questo tassello sono quindi gli HR, i responsabili delle risorse umane, ma anche gli HR diversity, coloro che si occupano di formazione, promozione, welfare, benessere e inclusione all'interno dell'azienda.

Bisogna tarare l'intervento in base a ciò che si può realmente fare. Non si può proporre un percorso in presenza se l'azienda richiede una formazione a distanza per i dipendenti dislocati in diverse sedi, poiché sarebbe poco efficiente e fuori dalle usanze comuni attuali.

I fabbisogni formativi sono vari, ma senza dubbio nell'attuale contesto storico, molte aziende stanno capendo che è giunto il momento di fare davvero qualcosa affinché le persone non credano che i loro interventi siano mirati solo a eventuali benefici o sgravi, ma si rivolgano, realmente, ai loro fabbisogni.

Premetto che non bisogna mai dare per scontato nulla, nemmeno quando parliamo di grandi aziende, perché anche in situazioni di strutturazione più avanzata insorgono carenze. Questo è uno dei più grandi errori che si commette quando la consulenza è volta solo a "vendere" un servizio e non a offrirlo (due aspetti completamente diversi, di cui io personalmente adotto la seconda).

Possiamo vedere alcuni esempi...

Contesto: un'azienda con 12 dipendenti con tanta voglia di rendere davvero inclusive il posto di lavoro. Il datore di lavoro è "vecchio stampo", ma si dimostra attento alle persone che ha cresciuto nella sua azienda. La sua domanda primaria è stata: "Ma serve davvero?", affermazione che vuole anche sottendere "se investo dei soldi ho il mio ritorno?"

La mia risposta è stata un piano a gradini dove siamo partiti, insieme, da una prima analisi reale di ciò che sentivano i lavoratori, ascoltando le loro idee e bisogni. Da lì è emerso che ritenevano l'azienda una famiglia, ma sentivano la necessità di aggiornarsi in termini di gestione e comunicazione, che era troppo "padronale"! La differenza di percezione emersa ha permesso di identificare la strada della mediazione e consapevolezza attraverso confronti, roleplay e soprattutto uso di strumenti che permettessero di esprimersi anonimamente.

Altro contesto: azienda di grandi dimensioni, molto strutturata e pronta a diventare una Bcorp. Abbiamo scoperto che I dipendenti non si sentivano parte di un contest attento alle loro esigenze perché mancava una comunicazione interna che li coinvolgesse.

Entrambi i contesti avevano delle mancanze, sia la piccola che la grande azienda! È importante, quindi, affiancare l'azienda nella sua interezza in un percorso dove la soddisfazione trova capo nei risultati!

I criteri utilizzati per valutare l'efficacia dei fabbisogni formativi sono: analisi dei risultati ottenuti in passato, compresi quelli dei concorrenti, innovazione e rispetto del lavoro svolto da tutti. Il pregresso serve come base per costruire un piano formativo personalizzato per l'azienda. Durante la consulenza, viene solitamente chiesto cosa è stato fatto in precedenza e in base a queste risposte, vengono sviluppate almeno due idee per corsi o percorsi di formazione di maggiore durata. La consulenza non termina dopo il primo incontro preventivo, ma viene effettuato un ulteriore incontro a distanza di 2 mesi per valutare i progressi con l'azienda. Il metodo è infatti basato su "ascolto, progetto, realizzazione".

C) **Carta, penna, pennarelli, lavagna: progettazione d'intervento:**

Nonostante il continuo avanzamento della tecnologia, e il consequenziale supporto che essa ci fornisce, la mente umana non può abbandonare l'aspetto "visivo". Anche durante un percorso online, l'uso di colori e di strumenti interattivi (come Jamboard) aiuta a coinvolgere le persone, a catturare e tener viva la loro attenzione. Per questo nel terzo step adopero strumenti all'apparenza "basic" come post-it, pennarelli e penne!

La progettazione d'intervento prevede sempre una prima fase ludica e informativa, con la presentazione di teoria ed esempi specifici dell'azienda per coinvolgere in maniera personale i partecipanti.

Vi è poi una seconda fase che esplora argomenti "scomodi" e coinvolge i partecipanti in simulazioni specifiche. E una parte finale di raccolta feedback e domande, da dove poi viene realizzato un galateo/vademecum che renda evidente, da subito, quali azioni adottare e l'impegno che ognuno dei partecipanti ha sottoscritto in quella giornata.

Questa è la fase che amo di più, perché da questo momento immagino e pianifico tutte le azioni e gli interventi da intraprendere nell'azienda. La progettazione è un processo personale basato sulla mia esperienza, per cui in questa fase opero da sola e, dopo aver definito le aree principali del progetto, coinvolgo altre figure specializzate per confronto e supporto.

In tutto ciò, la creatività e la visione sono incoraggiate e non si rischia di perdere nulla, poiché non è possibile cancellare accidentalmente le idee.

Inoltre, l'utilizzo di strumenti quali post-it e pennarelli permette di prendere appunti e annotare idee che possono essere evidenziate per identificare opportunità di miglioramento durante la formazione dei gruppi.

La capacità imprescindibile nella progettazione, oltre all'ascolto, è proprio avere a portata di mano quaderni, penne e post-it di vari colori per poter annotare spunti vari durante le sessioni di formazione. Questo permette di identificare opportunità di miglioramento oltre al fatto che in tutto ciò, la creatività e la visione sono incoraggiate e non si rischia di perdere nulla, poiché non è possibile cancellare accidentalmente le idee.

Per presentare il progetto all'azienda, viene infine utilizzato un bel power point. Adotto sempre una presentazione doppia: una con solo le macro argomentazioni che descrivono come si svolgerà tutto e che serve per raccogliere spunti e consigli; e una più dettagliata che mostra come potrebbe essere realizzato il progetto (che non sarà completa al 100%, ma fornirà la visione d'insieme chiara).

D) Un target complesso da coinvolgere: 80% pratica, 20% teoria

Le persone sono sopraffatte dalla quantità di attività che ogni giorno devono svolgere, tra corsi online, call e riunioni che riempiono la loro agenda di ventiquattro ore come se ne avessero quarantotto.

Questo genera un'alta quantità di ansia e disattenzione, rendendo difficile per loro concentrarsi e assorbire nuove informazioni. Ecco perché è importante creare processi che sappiano attirare l'attenzione delle persone e farle comprendere il valore della formazione o delle azioni che stanno mettendo in atto, e come queste possano davvero influire sul cambiamento della cultura aziendale. La chiave del successo è coinvolgere le persone attraverso trasparenza e competenza. Non sono l'aspetto esteriore o l'abbigliamento a fare la differenza, ma la persona stessa con la sua professionalità e capacità di comunicare in modo efficace.

Ecco che subentra la Legge di Pareto ovvero un principio economico che afferma che il 20% degli sforzi produce l'80% dei risultati. In altre parole, una piccola quantità di cause produce la maggior parte degli effetti. Questa legge è perfetta da utilizzare per identificare le priorità e concentrarsi su quelle attività che produrranno la maggior parte dei risultati.

La legge di Pareto è un concetto economico che afferma che l'80% degli effetti è generato dal 20% delle cause.

In altre parole, spesso un piccolo numero di fattori è responsabile di una grande parte degli effetti. Questa legge è stata formulata dall'economista italiano Vilfredo Pareto nel 1896 e viene spesso utilizzata per identificare le priorità in diverse aree, tra cui la gestione delle risorse e del loro lavoro.

Come si applica? Si parte da:

1. Identificare il problema o l'obiettivo da raggiungere realizzando una lista delle attività o delle iniziative che potrebbero favorire il suo raggiungimento.
2. Classificare le attività in termini di impatto, identificando che ne hanno di maggiore sull'obiettivo o sul problema. Queste sono le attività che daranno il maggior ritorno sull'investimento di tempo e risorse.
3. Concentrarsi sulle attività più importanti dedicando l'80% del proprio tempo e delle proprie risorse a queste attività, così da ottenere il massimo risultato con preparazione e superamento di sfide. La pratica è fondamentale in ogni processo
4. Implementare un sistema di monitoraggio e controllo per valutare continuamente l'efficacia delle attività e apportare eventuali modifiche necessarie.
5. Investire il 20% del tempo e delle risorse in analisi delle cause che sono, nella formazione, al pari della teoria a sé stante.

Tale concetto è decisivo per il processo di efficacia del mio modello d'intervento! Quindi, per garantire che il target acquisisca le competenze chiave necessarie tramite un equilibrio tra pratica e teoria, è necessario:

- Definire chiaramente le competenze richieste in modo dettagliato;
- Creare un piano di formazione che incorpori sia aspetti pratici che teorici;
- Sfruttare opportunità di formazione sul posto di lavoro attraverso mentorship, osservazione o formazione pratica;
- Valutare continuamente le prestazioni e fornire feedback costruttivo;
- Offrire opportunità di crescita e sviluppo, inclusi piani aziendali chiari, visibili e reali.

Per gestire eventuali difficoltà o resistenze durante l'apprendimento pratico e teorico, è importante:

- Valutare e considerare anticipatamente le difficoltà;
- Ascoltare i bisogni del target;
- Mantenere un focus chiaro sugli obiettivi;
- Personalizzare e rendere flessibile l'erogazione della formazione;
- Fornire una varietà di metodi di apprendimento per renderlo accessibile a tutti.

E) Il roleplay come modalità per acquisire il punto di vista dell'altro

Il roleplay è una forma di esercizio o simulazione in cui le persone interpretano il ruolo di personaggi diversi (o di se stessi in contesti non abitudinari) per esplorare situazioni possibili/future o problemi specifici. È una tecnica molto utilizzata nelle realtà aziendali ed è una forma di formazione vera e propria.

Il roleplay è ottimo per acquisire il punto di vista degli altri e promuovere l'empatia e la comprensione reciproca tra i dipendenti di un'azienda. Questo si fa rispettando il punto di vista dell'altra persona e ascoltando ciò che potrebbe essere fonte di fastidio.

Solitamente, i roleplay sono strutturati in anticipo e includono esempi generici per evitare di offendere alcun partecipante. Lo scopo è quello di dare spazio a tutti per esprimersi, mostrando però comprensione e supporto. Se non si superano pregiudizi non si può raggiungere una comprensione più profonda.

Per preparare i dipendenti a svolgere il roleplay, si utilizzano diverse metodologie volte a garantire che i partecipanti siano in grado di rappresentare il punto di vista dell'altro in modo autentico e rispettoso. Questo viene ottenuto partendo da gruppi estesi e definendo un vocabolario condiviso, identificando parole e azioni da evitare, stabilendo regole da rispettare e parlando sempre in prima persona, utilizzando l'"Io" per esprimere pensieri e sentimenti. Per garantire che l'esperienza sia sicura e confortevole per tutti, è importante scegliere argomenti che riguardino tutti e che non causino offese o danni. Ad esempio, si può scegliere una difficoltà comune nella relazione con gli altri o un momento difficile della vita. I partecipanti iniziano parlando come se fossero nei panni della persona che sta affrontando questa difficoltà, e l'altra persona interagisce cercando di capire e comprendere le emozioni e il punto di vista. Il roleplay continua alternando i ruoli fino a quando non si sente di aver raggiunto una maggiore comprensione ed empatia.

I risultati ottenuti sono poi utilizzati per identificare barriere all'inclusione, valori aziendali e proporre soluzioni per superarli. Si conclude ogni sessione con un vademecum dell'inclusione e galateo da adottare, condividendo i risultati e confrontandoli con eventuali feedback.

Condividendo gli esiti e incrociandoli con i feedback pervenuti sui post-it in aula e poi in risposta al questionario online, viene realizzato un panel in modo da vedere quale strada dover intraprendere per supportare al meglio le persone e definire con l'azienda le azioni da portare avanti.

Fondamentale è analizzare sempre il contesto aziendale, il relativo luogo geografico e le situazioni che possono anche evidenziare sensibilità diverse.

Posso assicurare che al termine del roleplay non si è più li stessi e ci si metterà in discussione in maniera coscienziosa prima di effettuare qualsiasi azione!

F) Portare l'esterno in azienda: valorizzare l'interezza della propria persona negli ambienti di lavoro

Specifichiamo cosa significa "portare l'esterno in azienda" ovvero coinvolgere il pubblico esterno nella vita aziendale, con l'obiettivo di aumentare la conoscenza reciproca e migliorare le relazioni. Ciò può essere fatto organizzando eventi aperti a dipendenti e clienti, programmi di scambio con altre organizzazioni per acquisire nuove conoscenze e metodi, promuovendo la diversità attraverso percorsi etnoculturali e incentivando attività di team building fuori dal contesto lavorativo, sperimentando metodologie innovative e coinvolgenti. In questo modo, l'azienda può migliorare la comunicazione interna, la collaborazione e lo sviluppo delle abilità dei dipendenti. Uscite, giochi di gruppo, attività sportive... occorre solo un pizzico di fantasia e la giusta organizzazione.

Come garantire che l'integrazione esterna non sia vista come una "minaccia" o qualcosa di negativo per i dipendenti aziendali e non siano causa di competizione o conflitto? La comunicazione efficace è la chiave! Senza di essa, qualsiasi percorso fallirà. I dipendenti devono sentirsi valorizzati come persone, con le loro idee e valori. Devono avere fiducia che ciò che viene fatto non sia una perdita di tempo. Se il percorso è inclusivo e coinvolge tutti i dipartimenti, il cambiamento è possibile. La cultura inclusiva e rispettosa si forma quando i dipendenti lavorano insieme in modo collaborativo e produttivo.

Certo, prima di procedere con tale step, è basilare che le singole persone si sentano valorizzate nella loro interezza: come farlo?

Attraverso il processo visto fino a ora:

- Riconoscendo la diversità dei dipendenti;
- Offrendo formazione, sviluppo e crescita professionale per incoraggiare il loro potenziale;
- Promuovendo equilibrio tra vita lavorativa e privata, fornendo flessibilità e supporto;
- Chiedendo feedback costruttivo e regolare per supportare lo sviluppo;
- Sviluppando e mantenendo una cultura aziendale positiva basata su fiducia, collaborazione e rispetto reciproco.

Queste azioni, unite all'ascolto, a processi strutturati e organizzati, creano un ambiente in cui i dipendenti si sentano valorizzati come persone intere e aumentare la motivazione, produttività e soddisfazione.

G) "E" come empowerment: esercizi pratici per l'esplorazione delle proprie aree di interesse e del proprio potenziale ancora latente

L'empowerment è un processo che aumenta la consapevolezza e l'autostima, permettendo di superare i limiti e realizzare il proprio potenziale. Acquisendo abilità, competenze e conoscenze, la persona acquisisce maggiore fiducia e capacità di affrontare la vita. È un processo di autorealizzazione che offre libertà e potere di prendere decisioni e sviluppare il proprio potenziale senza paura.

Ecco alcuni esercizi per esplorare al meglio le proprie aree di interesse:

- Brainstorming: scrivere una lista di attività che piacciono o che si considerano interessanti, senza preoccuparsi della logica o della relazione con il lavoro svolto. Questo aiuta a liberare la mente e a scoprire le passioni e le idee attraverso la scrittura;
- Sperimentazione: provare a fare qualcosa di nuovo ogni giorno, come vestirsi con un accessorio diverso o sperimentare un hobby o attività mai fatta prima. Efficace è il lavoro a maglia o all'uncinetto: si possono organizzare dei corsi in azienda, dove in finale bisognerà creare una coperta "condivisa". Ogni persona prosegue il lavoro dell'altra, tenendo conto dei propri gusti. Quest'attività aumenta la concentrazione, crea engagement e soprattutto fa scoprire abilità e competenze nascoste.
- Conversazioni con colleghi: ascoltare e scambiare idee con i colleghi, confrontandosi attivamente, e unendo proposte tra loro per poi confrontarsi in merito a distanza di tot. tempo;

- Formazione continua: Partecipare a qualsiasi tipo di formazione, di qualsiasi livello, per continuare ad acquisire nuove conoscenze e competenze;

Ecco ora alcuni esercizi utili a scoprire il proprio potenziale latente:

- Esplora le passioni e interessi: prenditi del tempo per esplorare ciò che ti piace. Rifletti o prova cose nuove;
- Autovaluta le tue forze e debolezze: analizza onestamente i tuoi punti di forza e di debolezza. Chiedi feedback o fai un'autoanalisi;
- Prova nuove attività e hobby: prova cose nuove e fuori dalla tua comfort zone. Iscriviti a un corso, partecipa a un'attività di gruppo o prova un nuovo passatempo;
- Rifletti su successi e insuccessi: guarda indietro e riconosci i tuoi successi e insuccessi. Impara da ogni esperienza e applica questo in futuro;
- Esamina le motivazioni interne: capisci le motivazioni profonde dietro le tue azioni e scelte. Chiediti perché vuoi fare qualcosa e se è in linea con i tuoi valori e obiettivi;
- Definisci obiettivi a lungo termine e piani d'azione: definisci obiettivi a lungo termine e piani d'azione concreti per raggiungerli. Crea un piano dettagliato con tappe intermedie e scadenze per monitorare il progresso.

Questi esercizi possono essere fatti in qualsiasi momento e possono richiedere da poche ore a diverse settimane.

Sono importanti sia in contesti individuali sia per la riorganizzazione aziendale, per capire le capacità e le esigenze delle persone e aiutarle a emergere e dimostrare il loro potenziale.

Cosa succede se ogni lavoratore e l'azienda stessa prenderanno parte attivamente a questo modello d'intervento, rispettando i vari punti?

Il risultato sarà un ambiente di lavoro sano, energetico, positivo, dove tutti sono coinvolti e contribuiscono attivamente al successo del singolo e di conseguenza al successo collettivo.

Ogni persona sarà valorizzata come *realmente* merita!

Case study

Contesto: azienda di grandi dimensioni, dal sistema strutturato e aperto, ma che non riusciva a far sentire le persone veramente ingaggiate.

Ho iniziato il mio viaggio di comprensione ascoltando le storie degli esponenti HR, del responsabile selezione, del team marketing e del dipartimento welfare.

Ho raccolto le loro parole e le ho trasformate in un racconto vero e proprio, con un inizio e una fine, dandogli un titolo accattivante: "Obiettivo cambiamento!"

La lettura di questo racconto ha rappresentato una vera e propria sorpresa per tutti, anche per quanto riguarda la percezione delle azioni messe in atto dalle varie divisioni dell'azienda.

Vedere tutto scritto nero su bianco ha avuto un impatto molto forte.

Ho proposto immediatamente di lanciare una survey per raccogliere le percezioni e i consigli dei dipendenti, l'idea è stata accolta con entusiasmo in quanto l'obiettivo principale del processo di inclusione era quello di migliorare l'ambiente di lavoro e supportare la crescita e lo sviluppo dei dipendenti di tutte i background.

Sono state incluse domande sulle pari opportunità a 360 gradi e i risultati hanno evidenziato che i dipendenti di minoranza non si sentivano di avere le stesse opportunità dei colleghi e che le donne denunciavano discriminazioni e la necessità di migliorare la gestione delle risorse umane.

Come risultato di questo, ho definito una strategia che prevedeva la creazione di gruppi di lavoro, composti non solo da manager ma anche da dipendenti che si sono offerti volontariamente, per affrontare temi come le molestie e le discriminazioni, la diversità, l'equità.

L'obiettivo era quello di creare un cambiamento significativo attraverso azioni mirate e ben strutturate, per garantire:

- Formazione sulla diversità per tutti i dipendenti;
- Opportunità di carriera eque per tutti i dipendenti;

- Implementazione di un sistema di valutazione delle diversità nei processi di reclutamento e promozione, che prendesse in considerazione non solo i KPI standard, ma anche le competenze soft e l'aspetto umano.

A distanza di un mese è stato definito il calendario annual della formazione con focus su:

- Bias e pregiudizi;
- Discriminazioni e molestie, come comprenderle e come difendersi;
- Linguaggio inclusivo;
- IO sono TE, un corso allo specchio;
- CresciAMO insieme;
- Violenza e violenze, riconosciamole per denunciare.

In sei mesi, abbiamo adottato una politica aziendale sulla diversità e l'inclusione, condividendola con i dipendenti, anche attraverso i social.

Abbiamo coinvolto dipendenti "ambassador" che sono diventati i portavoce dei cambiamenti, condividendo anche le sfide affrontate dall'azienda.

Un secondo sondaggio effettuato ha mostrato un significativo miglioramento della percezione della diversità e dell'equità, con oltre il 60% della popolazione aziendale che ha rilevato cambiamenti positivi.

Il processo di inclusione ha anche portato a un aumento del 10% di dipendenti di minoranza/donne promossi a livelli di carriera più elevati e a una maggiore diversificazione della forza lavoro. Il clima aziendale è nettamente migliorato e abbiamo creato una "coperta dell'inclusione" attraverso un lavoro di gruppo condiviso con tutti i dipendenti. Ognuno ha contribuito con almeno un tessuto, un punto, un colore.

Adesso le persone desiderano entrare a far parte di quest'azienda e quelle già presenti ne sono estremamente fiere.

C'è ancora margine di miglioramento, ma questo dimostra che ascoltare, mettersi in gioco, volontà di cambiamento, azioni mirate e soprattutto umiltà e fiducia da parte di tutti conducono a grandi successi.

Scannerizza il Qr Code:

Capitolo 5
La DEI applicata allo sport

Introduzione a cura di Marcella Loporchio

La diversità si manifesta in molti modi nello sport, a partire dalla diversità di genere, etnia, abilità, orientamento sessuale, religione e background socio-economico. Alcuni esempi di come la diversità si manifesta nello sport includono:

- La presenza di atleti di genere non binario e trans che partecipano alle competizioni sportive.
- La diversità di etnia nei team e nelle squadre, con atleti di diverse origini culturali che lavorano insieme per raggiungere obiettivi comuni.
- L'inclusione di atleti con disabilità nelle competizioni paralimpiche, che dimostra che le abilità fisiche non sono l'unico fattore per eccellere nello sport.
- La diversità di orientamento sessuale negli atleti e nei tifosi, con sempre più atleti che si sentono liberi di essere apertamente gay, lesbiche, bisessuali o transgender.
- La diversità religiosa, con atleti che praticano il loro culto e rispettano le loro tradizioni mentre competono a livello internazionale.

Inoltre, la diversità nello sport può essere promossa attraverso programmi di parità di genere, di inclusione per le persone con disabilità, di supporto alle minoranze etniche e di iniziative per combattere l'omofobia e la discriminazione.

A tal proposito ci sono molti esempi di atleti che rappresentano la diversità in molti modi unici come sono loro:

- Caster Semenya, atleta sudafricana che ha vinto medaglie d'oro in gare di mezzofondo alle Olimpiadi e ai Campionati del mondo. Ha dovuto affrontare questioni di genere e di identità di genere durante la sua carriera.
- Simone Biles, atleta statunitense di ginnastica artistica, è una delle atlete più decorate della storia della ginnastica. È anche una voce attiva per la parità di genere e l'inclusione nello sport.

- Justin Gallegos, atleta statunitense di corsa con disabilità, è diventato il primo atleta professionista con la sindrome di Down a firmare un contratto con una grande azienda di abbigliamento sportivo.
- Megan Rapinoe, calciatrice statunitense, è diventata un'icona per i diritti LGBTQ+ e per l'uguaglianza di genere nello sport.
- Mo Farah, atleta britannico di origini somale, ha vinto numerose medaglie d'oro in gare di mezzofondo a livello internazionale, diventando un'icona per la diversità nello sport in Gran Bretagna.
- Hakeem Al-Araibi, calciatore australiano di origini Bahraini, è stato vittima di una grave violazione dei diritti umani e ha rischiato l'estradizione in Bahrain, dove era stato torturato. La sua vicenda ha portato alla luce i problemi legati alla libertà di movimento degli atleti.
- Ibtihaj Muhammad, schermitrice statunitense di origini afroamericane, è diventata la prima donna musulmana americana a competere alle Olimpiadi indossando il velo.
- Billie Jean King, tennista statunitense, è stata un'icona per la parità di genere e i diritti delle donne nello sport. Ha vinto numerosi titoli del Grand Slam e ha combattuto per l'uguaglianza salariale tra uomini e donne nello sport.
- Tommie Smith e John Carlos, atleti statunitensi di origini afroamericane, hanno alzato il pugno in segno di protesta contro la discriminazione razziale durante la cerimonia di premiazione alle Olimpiadi del 1968.
- Nelson Mandela, ex-Presidente del Sudafrica e icona della lotta contro l'apartheid, ha utilizzato lo sport per promuovere l'unità e l'uguaglianza in Sudafrica. La squadra di rugby del Sudafrica, i Springboks, è diventata simbolo di unità nazionale sotto la sua guida.
- Ian Thorpe, nuotatore australiano, è stato una delle più grandi stelle della nuotata australiana, vincendo numerose medaglie d'oro a livello internazionale e diventando un'icona per la comunità LGBTQ+ nello sport.
- Yao Ming, ex-giocatore di basket cinese, è stato una delle stelle più importanti della NBA e un'icona per la crescita del basket in Cina. È stato anche attivo nel promuovere i diritti degli atleti e la responsabilità sociale degli sport professionistici.

E a dimostrazione che lo sport, di qualsiasi tipo, può rappresentare l'unicità della persona e il suo valore di seguito troverete 3 storie diverse tra loro ma accomunate dalla voglia incredibile di far vedere che tutto è possibile. Sempre!

WO*MEN'S RUGBY LAND OF FREEDOM: CHI SEMINA SPORT RACCOGLIE FUTURO – CASE HISTORY a cura di Erika Morri

LO SPORT È ARMONIZZAZIONE DI DIVERSITÀ, **composto da INSIEMI che si intersecano, di CORPI che si confrontano e di MENTI che si sfidano e che INSIEME possono CAMBIARE IL MONDO.**

QUESTIONE DI ASTERISCHI*

Per raccontare cos'è "Wo*men's land of freedom", si comincia da segni che sembrano apparentemente dettagli, ma che sono sostanza.
Cosa significa quell'asterisco in mezzo a Wo*men? UGUAGLIANZA.

Se leggiamo il titolo del progetto velocemente e non ci soffermiamo sui dettagli, questo progetto sembra dedicato a sole donne, mentre se facciamo caso... l'asterisco divide la parola **WOMEN** (donna) in 2 WO*MEN (donna e uomo):

Questo progetto non si occupa solo di donne, ma dell'Umanità: di donne, di uomini e di chi si sente *asterisco, siamo focalizzate/i su di un tema che non ha genere né colore: il MINDSET.

COS'E' UNA LAND OF FREEDOM:

Cos'è la libertà per te? Per noi è un mondo in cui una donna ed un uomo possono decidere di pensare...di agire con rispetto, di prendere in mano la propria vita indipendentemente dagli stereotipi e dai pregiudizi.
Partendo da piccole cose... anche solo lo scegliere uno sport che ti diverta, che ti faccia sentire bene e ti faccia brillare gli occhi quando ci pensi. Poi, nello specifico **partiamo dal RUGBY**, da quella sensazione di fierezza del primo placcaggio... di stomaco che si stringe prima della partita perché sai che sarà dura... la gioia di stringerti alle tue compagne ed ai tuoi compagni quando si vince, e la sensazione di non essere soli quando si perde...**ti fa fare degli altri passi nella vita.**

Il nostro è un progetto che parla di emozioni che sono scintille che fanno andare oltre il pensiero ed il corpo, perché nella nostra visione CORPO+MENTE **sono indissolubilmente legati.**

Il RUGBY è uno sport di contatto che è stereotipato come "maschile", ma che ha invece come peculiarità principale, il fatto di essere **l'unico sport giocato in 3 tempi: 2 di gioco ed 1 di festa.** Infatti, dopo i 2 tempi classici di una partita, nel terzo tempo, la squadra che gioca in casa ospita a mangiare la squadra che viene da fuori unendo giocatrici, giocatori e tifoserie.

Questo momento è il simbolo di come lo sport sia ponte di genti senza bandiera o colore ma solo appassionati alla stessa maniera di esprimere il proprio carattere e le proprie energie.

CHE COS'E' WO*MEN'S RUGBY LAND OF FREEDOM

WO*MEN'S RUGBY LAND OF FREEDOM è un ecosistema di progetti internazionali che basandosi su 4 obiettivi dell'AGENDA ONU 2030 (ISTRUZIONE DI QUALITA'/BENESSERE/EQUITA'/PACE) vuole far emergere ulteriormente quanto l'attitudine mentale, i valori e le capacità relazionali dello SPORT e del rugby, siano uno strumento fondamentale per il futuro dei nostri bambini e bambine. Non solo uno sport ma una cassetta degli attrezzi nel quotidiano, per imparare, sperimentare... vincere, perdere rialzarsi...costruire fiducia in sé stessi e negli altri e credere nel lavoro di squadra.

SOSTENIAMO **l'importanza dello studio e della cultura affiancata all'attività sportiva come base solida per l'indipendenza**, e che chi si è allenato a mettersi in gioco e ad impegnarsi per raggiungere gli obiettivi nello sport, abbia una background che crei una possibilità in più per essere selezionato sul mercato del lavoro, ed avere quindi un futuro migliore. Il nostro focus è parlare di come il **mindset dello sport**, declinato in vari progetti possa essere di supporto a tutta la comunità.

PROGETTI

LA LIBERTÀ NON TI VIENE SOLO DONATA, SI "ALLENA DENTRO DI TE!" OBIETTIVO: **Far emergere ulteriormente quanto il rugby (lo sport) siano efficaci come solida base dell'autostima e della forza di esprimere sé stesse/i nella vita quotidiana**

Il primo progetto dell'ecosistema è nato dall'energizzante esperienza dell'aver partecipato al committee di sviluppo del rugby femminile in Europa, e dall'idea – in occasione della Coppa del Mondo femminile di rugby – di fare una ricerca etnografica al femminile, chiedendo a donne di mondi e nazioni differenti come il rugby avesse impattato sulla loro vita di tutti i giorni.

Il rugby non ha confini: dall'Egitto alla Russia, dall'Iran alla Nuova Zelanda, dall'India agli Stati Uniti passando per l'Italia, le donne e gli uomini di "WO*MEN'S RUGBY LAND OF FREEDOM" abitano il Mondo e ci hanno parlato di RUGBY e di QUOTIDIANO, di diversità e di uguaglianza, raccontando di come il rugby sia stato fondamentale per la propria vita lasciando un seme, una riflessione... un'ispirazione.

In un momento storico come questo, dove pallavoliste afghane sono state decapitate per aver giocato, tenniste cinesi fatte sparire perché avevano denunciato violenze e donne iraniane recluse per aver arrampicato senza velo, LO SPORT PER LE DONNE È UNA TERRA DI EMANCIPAZIONE SOCIALE.

Abbiamo intervistato 70 donne e uomini del mondo del rugby in "in verticale ed in orizzontale" partendo dall'Italia ovvero tutte le nostre Azzurre che ci hanno rappresentato ai Mondiali per poi espanderci nelle altre nazioni e negli altri continenti.

Nelle interviste il focus non è stata la parte tecnica, ma la vita quotidiana, partendo sì da come avevano cominciato a giocare... perché immaginatevi quanto possa essere differente avvicinarsi ad uno sport considerato "da maschio" in Siria od in Svezia... per poi navigare nella vita di tutti i giorni chiedendo un oggetto che le rappresentasse e di lasciarci un'aforisma/mantra/pensiero che le avesse ispirate, e che potesse ispirare anche noi.

Dal pendolo di Schopenhauer a Pippi Calzelunghe per 34 giorni – la durata del mondiale – abbiamo pubblicato 2 interviste e 2 ispirazioni dal mondo (1 italiana ed 1 internazionale) creando insieme a social di tutto il mondo che ci rilanciavano, un'onda di pensieri ed ispirazioni che partivano dal rugby per riverberarsi sul quotidiano: un'aforisma è un messaggio dall'Universo, che ognuno/a di noi assorbe diversamente a seconda della cultura, dell'età e del momento di vita in cui si trova.

Abbiamo raccontato tante storie, scoprendo ogni giorno come la mentalità o mindset dello sport, avesse influenzato in piccolo od in grande vite quotidiane, non solo delle giocatrici ma di intere comunità: vi portiamo come esempi le storie dell'Uganda, Paese nel quale vi è la cultura dei matrimoni in giovane età, dove abbiamo scoperto tramite i racconti della nostra intervistata Regina Lunyolo, advisor Africa, che le bambine che giocano a rugby si sposano più tardi.

Come il rugby ha quindi influenzato il quotidiano di una comunità? Perché durante il terzo tempo, le famiglie che avevano accompagnato le proprie figlie a giocare, nella quotidianità del sedersi tutti insieme a mangiare, hanno cominciato a confrontarsi e dall'incontro intorno ad una tavola di famiglie con culture differenti si è rilevato che l'età di matrimonio delle giocatrici si è spostato sensibilmente in avanti.

Un altro aneddoto bellissimo raccontatoci da Nasser Hussain, CEO dell'India è relativo a come la visione "della donna" di un villaggio del Bangalore sia stato stravolto da una giovane giocatrice che aveva rappresentato l'India in un torneo internazionale a Hong Kong e Parigi.
In molti villaggi dell'India, la città viene governata dal consiglio degli anziani, i quali si incontrano regolarmente per confrontarsi sul come gestire il quotidiano; la giovane rugbista è stata invitata a parlare a questo tavolo – cosa sino ad allora IMPENSABILE PER UNA DONNA – per raccontare la sua esperienza al di fuori del villaggio in quanto era stata l'unica della sua comunità, ad aver preso un aereo ed avere incontrato gente di altre nazioni.

SPORT PER BAMBINI/E: SENZA LA BASE SCORDIAMOCI LE ALTEZZE! OBIETTIVO: creare un nuovo metodo interculturale, grazie al quale si possano insegnare le softskills alle bambine/i grazie al rugby

Lo sport di base è benessere fisico, ma soprattutto la sperimentazione della vita in un "ambiente protetto".

È espressione del sé, acquisizione di sicurezza, responsabilità, impegno, mediazione e confronto con l'altro...l'assaporare il gusto delle vittorie e rielaborare le sconfitte per migliorarsi e ricominciare. Siamo convinti che grazie al lavoro specifico a seconda delle caratteristiche e necessità che ogni diversità richiede, il rugby possa dare gli strumenti ai nostri bambini e bambine per essere uomini e donne più solide.

Questa diversità è la forza del progetto "WO*MEN's rugby land of freedom": il confronto sul COME costruire un'identità ed una sicurezza nei nostri giovani, grazie a metodologie educative ed idee sperimentate in Paesi con culture differenti, ma con una certezza comune: **ALLENARE IL MINDSET PRIMA... ed IL CORPO POI.**

Vogliamo creare un nuovo metodo di allenamento per bambine e bambini sino ai 11 anni, nel quale gli esercizi siano studiati per RAFFORZARE LA BASE PSICOLOGICA DEI NOSTRI GIOVANI, per imparare le life skills necessarie per la vita e per costruirsi un futuro... divertendosi. Il rugby verrebbe usato come sport di sperimentazione per poi condividere il metodo con tutti gli altri. "I giovani sono il ponte verso il futuro, per trasformare il cambiamento in miglioramento".

GLI UMANOERI: CARTONI ANIMATI

Pensiamo che per affascinare e far crescere in bambini e bambine la passione per lo SPORT, si debba parlare il loro linguaggio; per tale scopo abbiamo scritto un cartone animato per la fascia dai 5 ai 10 anni. Dove 6 Umanoeroi sportivi (3 bambini e 3 bambine) grazie ai loro super poteri umani come la gentilezza, l'empatia, l'ascolto e la capacità di lavorare in squadra...cambiano il mondo.

Siamo contro al delegare a dei super eroi come Super man, Capitan America... o Spiderman il risolvere o migliorare la nostra realtà, siamo fermamente convinti che trasmettere un approccio alla vita egualitari, all'importanza della diversità e ad una mentalità collaborativa, siano una base di partenza per i nostri giovani fondamentale per far fare un passo in avanti alla nostra Comunità globale.

CHI SEMINA SPORT RACCOGLIE FUTURO

IL CORPO COME SINTESI PER ALLENARE IL MINDSET: SPORT ED ARTE INSIEME PER ARMONIZZARE LE DIVERSITA'

La bellezza è una sollecitazione emozionale... e la forza, è quel qualcosa che muta uno stato di quiete o di moto.
Crediamo fermamente che lo sport armonizzando corpo e mente, le accomuni.

Crediamo fermamente che SPORT ED ARTE siano due strumenti molto simili per allenare il MINDSET e la nostra capacità di allenarci alla vita.

La nostra scelta di proporre progetti che le uniscano, è data dalla convinzione di armonizzare le diversità e che questi due mondi apparentemente così diversi abbiano elementi di base che li uniscano indissolubilmente per forgiare il carattere dell'Essere umano:

- **sono accomunati dall'INTELLIGENZA MOTORIA, entrambi usano il corpo come espressione del sé:** che uno lanci un pallone, dipinga, scolpisca o suoni uno strumento... la mente comunica al corpo degli impulsi che fanno reagire i muscoli e gli arti, esercitando movimenti e pressioni su oggetti con una determinata inclinazione e tempistica.
- sia sport che arte sono **ESPRESSIONE DEL SE'**
- **PROVOCANO EMOZIONI:** si va ad una partita, un concerto, una mostra perché ci emozionano e ci trasmettono una sensazione di benessere e senso di unione
- **Sport ed arte CURANO:** entrambe le attività sono facilitatori e strumento di dialogo con il mondo delle vulnerabilità

Per questo creiamo progetti sia per bambini che per adulti unendo arte e sport insieme. Eccone alcuni.

QUANDO IO VALGO TU VALI! OBIETTIVO: supportare gli alunni della scuola nella loro crescita, socializzazione e capacità di inclusione della diversità, INSEGNANDO A RICONOSCERE IL VALORE DELL'ALTRO.
COME? Unendo RUGBY E CREATIVITÀ.

"Quando io valgo tu vali" è un progetto dedicato ai ragazzi delle scuole secondarie di primo grado (dai 12 ai 14 anni) che ha avuto come patrocini oltre a quello del CONI Nazionale e della Gazzetta dello Sport, anche quello del MINISTERO DELLA DIFESA: è stato sperimentato nel 2020 nell'Istituto comprensivo Cappelletti Turco di Colognola ai Colli. Nel titolo l'utilizzo di QUANDO invece che SE, vuole focalizzare l'attenzione sulla convinzione che il valore di ognuno di noi c'è per certo... non dobbiamo metterlo in dubbio... dobbiamo solo lavorare sulla consapevolezza che renderà il **"DIVERSO DA NOI" INTERESSANTE** invece che terrorizzante. All'interno di ogni classe, insieme agli insegnanti, sono state create 2 squadre composte con gli alunni/e che erano meno in armonia tra loro; le 2 squadre si sono confrontate su 2 prove differenti con punteggio: una competizione di rugby tag (ovvero versione del rugby senza contatto) ed una artistica nella quale hanno creato un'installazione artistica composta da materiali differenti tra cui i cavi elettrici, che li rappresentasse...I due punteggi sommati davano la graduatoria.

La squadra vincitrice è stata quella che è riuscita ad amalgamare meglio le DIVERSITÀ dando fiducia e spazio ai differenti talenti armonizzandoli. Per coinvolgere tutto il mondo scolastico nella comprensione dell'importanza della valorizzazione della diversità, la giuria della competizione artistica era composta dal consiglio di classe e dai genitori degli alunni/e, che dopo un percorso guidato su temi legati all'inclusione ha votato l'istallazione fatta dagli studenti e studentesse.
Il risultato è stato l'intero mondo che vive intorno agli adolescenti, ha partecipato ad una riflessione sul tema di quanto i diversi talenti siano fondamentali per portare avanti qualsiasi progetto di comunità: dalla scuola alla vita quotidiana.

LA BELLEZZA DELLA FORZA INSIDE OUTSIDE TOUR! OBIETTIVO: **aumentare la consapevolezza dell'importanza dell'armonia corpo + mente a qualsiasi età.** TRA SPORT ED ARTE: **dove ogni** CORPO È UN TEMPIO

A Milano, in occasione della Beauty week 2022 (settimana con oltre 800 eventi geolocalizzati in tutta la città) abbiamo organizzato 8 eventi focalizzandoci sulla "bellezza" dello scoprire la nostra forza amplificata, quando uniamo corpo e mente.

Abbiamo costruito un ponte tra sport ed arte coinvolgendo le famiglie e le atlete/i in questo parallelo, per parlare di tematiche importanti del mondo adolescenziale

LA PERFEZIONE DELL'IMPERFEZIONE: **sport ed arte contro anoressia/bulimia**

Abbiamo organizzato incontri presso le società sportive ai genitori di società sportive con i genitori, per confrontarci sull'importanza per le loro figlie/i di allenare la mente attraverso il corpo in campo, e di come il riconoscimento del valore di ogni corpo e LA DIVERSITA' DEI CORPI sia la vera forza di una squadra. Nello sport c'è posto per tutti, e nel rugby in particolare, la diversità delle strutture corporee è fondamentale; c'è chi salta e deve essere leggero per essere sollevato, c'è chi deve essere forte per sollevare... chi deve sfondare linee di difesa per aprire un varco a chi invece è piccolo/a e guizzante. Ma se riflettiamo anche nel mondo dell'arte, i corpi hanno tutti nella loro imperfezione una meravigliosa perfezione lontana dalla magrezza proposta oggi come icona di bellezza. Le donne di Raffaello sono voluttuose e morbide, le donne di Michelangelo strutturate... le donne di Modigliani elegantissime nei loro colli disarmonici.

E l'esperienza di questo ponte tra sport ed arte è stata "agita!"
In collaborazione con il museo milanese Gallerie d'Italia, abbiamo organizzato una visita guidata chiamata "CORPI AD ARTE" nella quale il focus del percorso, è stato analizzare nei quadri la bellezza della forza dei corpi "forti" dei lavori quotidiani raccontati nei quadri di diversi periodi storici. Dalle lavandaie alle mondine alle signore in carne, uno sguardo completamente diverso sui DIVERSI CORPI. La conclusione del progetto è stata la riflessione sul come guardare in maniera differente e con amore il nostro corpo perfettamente perfetto a qualsiasi età.

LA PASSEGGIATA DELLA BELLEZZA DELLA FORZA: LA DOPPIA ILLUMINAZIONE DEL CORPO CHE SI ATTIVA CON LO SPORT MENTRE È AMMALIATO DALLE BELLEZZE DELL'ARTE

Senza il corpo la mente viaggia peggio: chi scommette su attività solo intellettuali ha un nemico per la propria salute: 7.000 passi al giorno sono un farmaco salvavita! Quando ci si rende conto che il corpo non è un contenitore, ma un amplificatore della mente, prenderemo la camminata non come un esercizio ordinato dal dottore, ma come un ravvivante di idee, un momento di socializzazione ed un energizzante strumento di empowerment mentale. Con questa idea per la Beauty Week ed in collaborazione con **BAM Biblioteca degli Alberi e le guide della città di Milano**, abbiamo organizzato "LA PASSEGGIATA DELLA BELLEZZA DELLA FORZA": "camminata artistica ad alto ritmo". Partendo dal centro e scegliendo un percorso attraverso le vie con i palazzi più artistici della città ascoltando la guida attraverso cuffie e radio, siamo arrivati sotto il bosco verticale per finire il percorso nella bellezza più assoluta, quella della natura. Grazie alle guide della biblioteca degli alberi, la passeggiata ad alto ritmo ha "abbassato il ritmo" respirando in uno dei polmoni della città, osservando piante in fiore e scoprendo bellezze piccole bellezze sconosciute.

SPORT ROCKS THE WORLD:LA BELLEZZA DELLA FORZA INSIDE OUTSIDE! OBIETTIVO: **Combattere l'abbandono sportivo degli adolescenti attraverso il racconto dei loro sentimenti nel fare sport, grazie a dei video da loro girati supportati dai loro amici artisti.**

In collaborazione con la **FICTS - Federation Internationale Cinema Television Sportifs**, ancora una volta abbiamo unito per parlare di diversità ed unione, lo SPORT ed ARTE per raccontare persone e mondi dando loro luce su un palcoscenico internazionale: la finale del festival mondiale del CINEMA DELLO SPORT.

Uno degli effetti del post pandemia è stato l'abbandono del mondo dello sport di oltre 1 milione e settecento mila adolescenti tra i 15 ed i 18 anni. Questo non è un danno perché ci mancheranno campioni per i nostri palmares futuri, ma è un tema legato all'educazione e ai valori che allena lo sport nel quotidiano: lo sport è un mondo protetto dove i giovani si sperimentano nel vincere, perdere... rialzarsi, negoziare con gli altri... allenare la propria volontà e tenacia. Per cercare di riportare i giovani allo sport, abbiamo coinvolto gli atleti ed atlete che invece sono entusiaste ed energiche, chiedendo loro di"parlare con le immagini delle loro emozioni e gioie" ai propri coetanei per farli tornare... utilizzando IL LORO STRUMENTO ARTISTICO per eccellenza: IL VIDEO TRAMITE I TELEFONINI. La richiesta è stata quella di coinvolgere anche i propri amici artisti nel racconto, per dare ancora una volta valore ALLE DIVERSITA' e l'IMPORTANZA DELLE DIVERSITA'. Ci siamo emozionati. Sono arrivati video da tutta Italia, rugbiste/i, ginnaste, pattinatori, windsurfisti quindicenni con una grinta che fa bene al cuore, supportati da amici chitarristi... disegnatori e cantanti in erba. Sul palcoscenico internazionale della finale del Cinema dello sport, nel novembre del 2022 sono stati proiettati i video della prima edizione di "SPORT ROCKS THE WORLD" davanti ad una platea di giovani studenti milanesi, accendendo entusiasmi e sperando di aver fatto tornare la voglia di tornare a fare sport. Ricollegando "tutti i puntini" di questi progetti organizzati da WO*MEN'S RUGBY LAND OF FREEDOM: CHI SEMINA SPORT RACCOGLIE FUTURO, il tema che vogliamo portare, è come LA DIVERSITA' sia fondamentale per lo sviluppo del Mondo... interno ed esterno. Come il MINDSET DELLO SPORT, forgiato dal continuo confronto con le sfide per il corpo e per la mente, possa creare dentro di sé l'abitudine di accettare i propri errori, rialzarsi dopo un placcaggio "della vita" e rialzarsi ogni volta per trovare nuove soluzioni.

I MUSCOLI CHE ALLENANO L'ANIMA A RISOLLEVARSI OGNI VOLTA

LA FOUNDER DEL PROGETTO: ERIKA MORRI

LA LIBERTA' NON TI VIENE SOLO DONATA, "SI ALLENA DENTRO DI TE"

2 Mondiali, 7 Campionati Europei, 12 anni in Azzurro su 21 giocati, sempre studiando e lavorando, sono state la sua palestra per imparare cosa sia la motivazione, la mediazione e l'importanza della cultura. Dal campo ha portato la sua esperienza nel mondo manageriale sportivo come consigliera regionale Emilia Romagna per 4 anni e Consigliera Nazionale per 5 anni sino al 2021, proponendo progetti di marketing etico nazionali

ed internazionali legati ai giovani ed alle donne. Dal 2016 al 2022 per la FIR (federazione italiana rugby) crea ed organizza in collaborazione con la LOTO Onluss, che si occupa di lotta al tumore ovarico, il tour "DONNE D'AZIONE". Un tour di informazione presso i club di rugby di tutta Italia (oltre 50 tappe) sulla prevenzione di uno dei più letali carcinomi, chiamato "il killer silenzioso" (per il palesarsi dei sintomi solo in stato avanzato) durante i quali, venivano invitati ginecologi e gli oncologi della città, durante gli allenamenti dei bambini, per dare un supporto informativo alle donne della propria comunità...e non solo. I club di rugby in quella occasione, aprivano le porte invitando tutte le associazioni femminili del territorio per supportarsi a vicenda. Nel 2019 fa parte della commissione per lo sviluppo del rugby femminile in Europa di Rugby Europe e nel 2021 fonda WO*MEN'S RUGBY LAND OF FREEDOM - CHI SEMINA SPORT RACCOGLIE FUTURO, ecosistema internazionale di progetti volto a sottolineare ulteriormente come il mindset dello sport sia importante per supportare la crescita dei giovani ed il benessere per l'intera comunità. Nel Novembre del 2022 è stata invitata dalla Onluss Women Political Leaders al Parlamento Islandese a parlare di come lo sport supporti le donne nel quotidiano. Artista contemporanea, con la sua start up creativa "ELECKTROCHIC" crea gioielli concettuali in cavi elettrici ispirati alle donne che hanno cambiato la storia. Formatrice aziendale nella vita quotidiana, si definisce "concretamente visionaria" ed unisce l'approccio creativo con la dimensione esperienziale del gioco, come strumento efficace per sgretolare barriere ed aprire nuovi mondi cognitivi. Professoressa universitaria a contratto per l'Università di Padova, tiene per l'ateneo patavino il corso "LE SOFT SKILLS PRENDONO CORPO: tra rugby ed arte le competenze trasversali per affrontare il quotidiano". Nei suoi team building esperienziali unisce RUGBY ED ARTE per armonizzare le diversità, perché crede fermamente che **"GIOCANDO SI PENSA CON LE MANI"**

PREMI

2022 – Premio "Uniche" – Premio del CONI Emilia Romagna per la leadership femminile nello sport

2022 - "Premio Milone d'Oro" - Premio Opes alla carriera

2020 - "Premio Tina Anselmi" per le attività svolte a sostegno della parità di genere – Premio città di Bologna

2020 - "Ovale d'oro" premio alla carriera sportiva -Fed.Italiana Rugby

2013 - "MED KED 2013 -Innovation, creativity and start-up in the Mediterranean area" - Aster award

2012 - "IncrediBol - Le 10 idee di business più creative della città– Premio cIttà di Bologna

la bellezza della forza
WO*MEN'S RUGBY
LAND OF FREEDOM
www.womensrugbylandoffreedom.com
MBW
MILANO BEAUTY WEEK
"La BELLEZZA DELLA FORZA è INSIDE_OUTSIDE"
perchè rugby, sport, cultura e arte, forgiano il carattere, allenano a credere in sè, ad ascoltarsi, a ricominciare dopo un evento avverso.
I MUSCOLI CHE ALLENANO L'ANIMA A RISOLLEVARSI OGNI VOLTA
CONI
CONI
Regione Lombardia
sport italiae
cultura italiae

Il calcio inclusivo, anche attraverso un'app a cura di Carlotta Sorrenti

Carlotta Sorrenti, fondatrice insieme a suo marito, il calciatore Matteo Calamai di Tutto Calcio Femminile.

App e sito dedicato al lato Rosa del Calcio!

Carlotta ha sviluppato una vera e propria identità del progetto, donando a TCF una personalità, una rete di collaboratori ed una Community sempre più ampia!

TCF, acronimo del vero nome, non è infatti solo un sito e App da oltre 30.000 Download attivi e milioni di visualizzazioni. Ma è un punto di riferimento per tutti gli appassionati che giornalmente inviano email alla redazione e come spesso accade, è proprio Carlotta a rispondere a loro, scambiando opinioni, ringraziando ogni persona per l'interesse dimostrato e ricavando spunti per nuove idee ad ogni Email ricevuta!

Quest'anno infatti verrà lanciata la versione PRO del progetto, un investimento desiderato, atteso ed ottenuto con tanti sforzi, ma come ogni Progetto destinato ad avere successo, le cose non si costruiscono dalla sera alla mattina, ma ci vuole il giusto tempo.

Nel caso di TCF però sono passati solo tre anni!

Perché è nata TCF? Cosa vi ha spinti a dare vita ad un progetto cosi ambizioso?

La voglia di dare alle Calciatrici e a chi lavora per esse, la possibilità di avere uno spazio unico in cui ricevere le notizie senza doverle andare a cercare! La comodità di avere ogni informazione per seguire da vicino la crescita del movimento calcio femminile e soprattutto il desiderio di far parte della battaglia delle battaglie: la parità di genere!

Da moglie di calciatore, ho potuto seguire mio marito in ogni città, accompagnarlo durante ogni annata di successo e di insuccesso, di lavorare da casa, senza dover scegliere tra crearmi una famiglia e costruire una carriera lavorativa all'altezza delle mie aspettative.

Ho scelto di seguire da vicino questa battaglia perché reputo che ogni calciatrice debba poter fare le stesse scelte senza dover sacrificare sempre qualcuno o qualcosa.

Sono grata di questo perché negli ultimi mesi, creando un academy di corsi formativi sul calcio femminile e lo sport femminile, ho avuto la possibilità di conoscere tante atlete che mi raccontano le loro difficoltà nella gestione dei figli, dei compagni e compagne... durante ogni annata.

È sempre una scelta, c'è sempre qualcosa o qualcuno da sacrificare. E questa è una causa che sento molto vicina perché so che per veder crescere giorno dopo giorno la mia famiglia... anche io di scelte ne ho dovute fare e di posti di lavoro molto ambiti ne ho dovuti sacrificare.

Quest'anno però devo dire grazie ad una persona davvero Speciale, che ha completamente ribaltato la mia interpretazione della Parola Sacrifico.

Visto e vissuto sempre come Qualcosa dal significato negativo, quasi tormentato.

Grazie ad Arturo Mariani, calciatore, Coach ed Autore, questa parola è diventata il simbolo della CRESCITA e della PROFONDITÀ della Vita di Carlotta.

Sacrificio infatti deriva dal due parole: SACRO FARE.

"C'è della Sacralità in ogni azione, in ogni difficoltà. E allora forse il segreto della realizzazione, della serenità, della gratitudine di ognuno di noi sta proprio qui. Nel modo in cui ci approcciammo alle sfide, alle azioni quotidiane. Soprattutto a quelle apparentemente meno piacevoli... perché lì c'è il SACRO".

C'è un Post su LinkedIn che Carlotta ha Condiviso con i suoi follower diversi giorni fa. Una foto di suo figlio Leonardo che guarda la Partita dell'Italia durante la qualificazione ai mondiali 2023. Ed è proprio così che immagina il futuro. Un luogo di condivisione, rispetto, confronto, parità, Unità dello Sport, del Lavoro, della Vita. Un futuro in cui TCF verrà quotidianamente letta come un normale periodico di Sport, un sito su cui studiare per diventare ancora più bravi e per costruire il proprio futuro lavorativo nel mondo che si ama, quello del calcio femminile!

Mio figlio Leonardo ieri ha guardato un po' della partita con me.

Giocava l'Italia Femminile. Le **#azzurre**.

Tra un Goal e l'altro, applausi, esultanze.. ho riflettuto su una cosa.

Il **#futuro** era davanti ai miei occhi.

Un bambino che guardava le ragazze giocare a calcio e si sentiva felice grazie a loro!

Io non so casa ci riserverà il futuro, cosa si prospetterà per i giovani di domani, ma una cosa è certa: il divario tra i generi, così detto **#gendergap** si farà sempre più piccino, quasi invisibile.

Gli uomini saranno grandi sostenitori delle Donne, le Donne ancora di più degli uomini, dei nuovi Uomini..

Quelli cresciuti con un senso di **#parità** , di **#rispetto** , di apprezzamento, di tifo per la maglia e non per il genere, il sesso, il colore.

Tutto Calcio Femminile non è solo un'App di notizie, è un modo di vivere 💙⚽

È uno straordinario modo di vedere le cose!

Grata di farne parte 🙏🌈

Gli sport...altri: la boxe. A cura di Maria Moroni

Maria Moroni – pugile

Maria Moroni, nata il 12 aprile 1975 a Foligno (Pg), ha nel cassetto una serie di primati sportivi...
Prima donna-pugile iscritta alla Federazione pugilistica italiana (tessera n° 1) prima donna-pugile italiana ad aver combattuto in Italia, prima campionessa europea Ebu tra i professionisti (il mondiale per le donne non c'era), prima pugile italiana ed europea sul podio negli Usa e nella top ten americana, prima donna atleta eletta nel consiglio della Federazione pugilistica italiana, oggi avvocato, docente universitaria, giornalista e conduttrice tv. Prima del 2001, in Italia, il pugilato femminile non esisteva, o meglio, non era possibile per una donna vivere tra le sedici corde di un ring ed essere la vera protagonista, ma al massimo poteva girar cartelli nel ruolo di ring-girl. È grazie all'allora ministro della Sanità Umberto Veronesi, in sinergia con l'allora ministro delle Pari Opportunità Katia Bellillo, che è stato modificato il decreto ministeriale 04/04/2001 riconoscendo, così, il pugilato femminile in Italia. Da qui è iniziata in Italia la carriera da pugile professionista in Italia aggiungendosi a quella a livello internazionale avendo disputato due match disputati in Croazia e negli Usa. Con il riconoscimento della boxe femminile, in Italia, si sono decisamente abbattute delle barriere, dei tabù. È l'inizio di una nuova epoca sportiva e di pari opportunità.

"Lo sport e in particolare il pugilato mi ha insegnato molto sia dal punto di vista psicologico che fisico. Devi imparare a gestire la tua mente, le tue paure, le tue ansie, i tuoi insuccessi e le vittorie. Tutto questo richiede un grande lavoro interiore che i più, ovviamente, non percepiscono e, spesso, non possono neanche immaginare e capire. Il pugile è un attore, sempre, fin dalla conferenza stampa pre-match dove devi già importi sull'avversario dicendo che il più forte sei te e che non hai paura .... mica vero.... Bleffi!!! Sul ring si è soli contro l'avversario e devi imparare a cavartela e superare ogni minima difficoltà. Dal punto di vista fisico, invece, ho imparato a parlare con il mio corpo portandolo fino all'estremo della sopportazione fisica. Poi, anche lui ha detto basta! Se non fai parte dei gruppi sportivi e, quindi, hai già il futuro lavorativo assicurato, da sempre dico che *la vita da atleta è come un contratto a tempo determinato. Prima o poi finisce e devi essere pronto a fare altro per mantenerti economicamente*. Puoi essere il campione assoluto, ma non scampi al tempo che scorre dettato dall'anagrafe.

Ci sono le vittorie, i titoli di giornale, le grandi soddisfazioni che ti gratificano ma il tutto non dura in eterno e, quindi, anche qui arriva un'altra importante lezione: bisogna imparare ad accettare che il tempo passa e che non si è più la ragazzina all'inizio della carriera sportiva ma, oramai, una donna, al termine della carriera.

L'importante è mai abbassare la guardia ma lottare sempre affinché vengano abbattuti luoghi comuni e ogni tipo di barriera che possano limitare la vita di ognuno di noi".

Scannerizza il Qr Code:

Capitolo 6
Il Diversity Lab: il modello per la 24ore Business School

Introduzione a cura di Marcella Loporchio

Se ci guardiamo intorno, è facile notare le tante differenze e anche contrapposizioni tra due o più elementi che caratterizzano la natura: il giorno e la notte, l'inverno e l'estate, il mare e la terra, la varietà incredibile di forme biotiche ed abiotiche, diverse l'una dall'altra.

Il concetto di molteplicità, e quindi di altro da noi, è stato uno dei primi ad essere stato "scoperto" dalla filosofia e ha impegnato i primi filosofi nel cercare di capire come questo potesse convivere e coesistere nell'unità indiscussa e armoniosa del cosmo.

Col tempo, però, l'uomo si è distaccato da questa visione naturalistica della vita e con le sue sovrastrutture culturali ha cominciato a perdere di vista l'appartenenza comune alla razza umana e ha creato differenze tra gruppi e individui della stessa specie.

Con questo mio libro vorrei dare un contributo alla formazione di una società più ricca che valorizzi la stupenda e naturale molteplicità dell'essere e cresca più aperta e libera.

Partendo dal dualismo uomo-donna che considero la base di un'azione a 360° dove il valore unico è la persona in questo capitolo parlerò del motivo per cui ho scritto questo libro, da dove tutto è partito e dove tutto è in continua evoluzione: **Il Diversity Lab che ho creato per la 24orebs per il master HR di Roma coordinato dalla Dott.ssa Paola Soave che è un modello nel suo genere**.

A lei un ringraziamento speciale per la capacità di guardare sempre oltre, di rendere le cose possibili, per averci creduto dal primo momento e per essere una persona speciale che ho l'onore di conoscere.

La necessità di formare le nuove generazioni diventa uno strumento di formazione

Formare le nuove generazioni, come abbiamo visto finora, è imprescindibile se vogliamo cambiare il nostro modo di vedere noi stessi, gli altri e la realtà che ci circonda. Oltre a migliorare la nostra vita personale in termini di qualità e benessere, una prospettiva di formazione e aggiornamento continui contribuisce in misura notevole ad implementare la produttività professionale.

È chiaro che questo processo, prima che in azienda, comincia nelle scuole. È qui che le generazioni future, oltre che in famiglia, scoprono se stessi, sviluppano le proprie abilità, costruiscono gran parte del loro sapere. Segnali positivi, in questo senso, sono arrivati dal mondo della scuola. Ad es. la legge 107/2015, la cosiddetta "Buona Scuola" ha introdotto la formazione obbligatoria e continua per i docenti; dall'anno scolastico 2020/2021 è diventato obbligatorio in tutti gli ordini e gradi di scuola l'insegnamento trasversale dell'educazione civica.

In termini di inclusione, la scuola italiana è stata pioniera con la legge 517/1977 che introduceva la figura dell'insegnante di sostegno fino ad arrivare al nuovo Piano Educativo Individualizzato che considera la disabilità in maniera positiva in base al ICF (*Classificazione internazionale del funzionamento, della disabilità e della salute*), sviluppato dall'Organizzazione mondiale della sanità (OMS). Il focus non è più, quindi, sulla disabilità, ma sul benessere bio-psico-sociale di una persona. Ciò significa che non si valutano solo gli aspetti biologici di un determinato individuo, ma si considerano anche quelli psicologici, familiari e sociali. In altre parole, si concepisce il funzionamento e la disabilità in relazione all'ambiente di vita, in maniera da individuare facilitatori o barriere che impattano sulla partecipazione della persona stessa alle diverse attività in cui può essere coinvolta.

Nel formare gli altri, si innesca inesorabilmente un circolo virtuoso della formazione. Facciamo ancora un esempio tratto dalla scuola. Tradizionalmente l'insegnante forma e istruisce gli alunni. A sua volta, però, l'insegnante deve aggiornarsi e studiare continuamente per poter rispondere alle sfide sempre più complesse che la società odierna ci propone quotidianamente.

Ciò avviene sia in appositi corsi di formazione in cui gli insegnanti apprendono nuovi metodi e nuove strategie da altri (che siano i loro tutor o i loro colleghi di corso) sia in classe in quanto i docenti affinano e calibrano il loro insegnamento proprio grazie alle istanze, ai feedback e ai bisogni educativi promossi dagli studenti. Anche questi ultimi imparano continuamente oltre che dai loro insegnanti anche da loro stessi attraverso la collaborazione e il tutoraggio. Siamo in presenza, potremmo dire, di almeno tre canali a doppio senso attraverso cui scorre la formazione: uno è quello di trasmissione in cui qualcuno con più saperi cerca di trasmettere tali nozioni ad un altro e, a sua volta, il soggetto con meno conoscenze con le proprie domande e/o esigenze promuove nel docente lo stimolo ad acquisire nuove conoscenze e competenze; il secondo è il canale tra pari in cui si ripete, per certi versi, lo schema del primo canale in quanto uno studente più esperto o leggermente più grande di età fa da tutor ad un altro più giovane. Si ritrovano, come dicevo, le dinamiche del primo canale formativo solo che in questo caso la differenza di età estremamente ridotta tra docente e discente facilita i rapporti e li rende più naturali e meno condizionati da soggezione, ansia da prestazione, imbarazzo. Anche il terzo canale riguarda i pari, persone che hanno in comune obiettivi e traguardi da raggiungere partendo dallo stesso livello di competenza. In questo caso c'è un apprendere insieme, aiutandosi a vicenda, attraverso la collaborazione e il lavoro di squadra. È un modo di apprendimento facilitato dal sentire comune "siamo tutti sulla stessa barca" o "mal comune, mezzo gaudio", cosa che tranquillizza e fa vivere l'intero processo in maniera più serena e persino giocosa.[76]

Usciamo dal mondo della scuola e vediamo se questo circolo virtuoso della formazione, possiamo ritrovarlo nella vita di tutti i giorni. In altri termini, come possono contribuire famiglie e società a formare le nuove generazioni?

Qui più che parlare di canali, mi viene in mente il principio di imitazione che è molto più efficace, a mio avviso, di tante parole. Se, ad esempio, una ragazza è abituata a vedere a casa il padre che maltratta continuamente la madre e le urla contro, troverà più difficoltà a contribuire a realizzare la parità di genere rispetto ad una giovane cresciuta in un ambiente in cui serenamente la componente genitoriale si divide compiti, responsabilità e meriti. Allo stesso modo, chi matura in un contesto familiare omofobo o xenofobo faticherà più di altri a ritrovare in quelle diversità risorse preziose anche per lui stesso oltre che per la società.

[76] Di *cooperative learning* e *peer education* parlerò nello specifico dopo.

Adulti e giovani possono imparare gli uni dagli altri imitando i comportamenti virtuosi messi in atto da chiunque. Anziché valorizzare gesti eclatanti o dare spazio nei notiziari a crimini di efferata follia, bisognerebbe dare il giusto rilievo a quei piccoli gesti di rispetto, amicizia, fratellanza. È una pedagogia delle piccole cose, da cui possiamo imparare tutti.

Veniamo ora alla formazione in azienda. Anche l'azienda è una comunità così come la scuola, la famiglia, la società intera. Se nessuno nega a scuola e famiglia il compito educativo-formativo, che lo abbiano le aziende è meno scontato. Nell'immaginario collettivo, chi lavora ha già una determinata professionalità e per il lavoratore che, magari dopo tanti anni di studio e ricerca, si è finalmente inserito in un contesto lavorativo, rimettersi a studiare, rimettere in discussione tutto quello che ha fatto finora, può sembrare frustrante.

Per certi versi, è frustrante. Ma, se lo si guarda dalla prospettiva opposta, è e può essere solo stimolante migliorarsi continuamente come individuo e come professionista beneficiando di questa crescita in termini di autostima, benessere psicologico e fisico, gratificazione economica. Per un'azienda vale quanto detto prima. Formare le nuove generazioni che si affacciano al mondo del lavoro diventa un'occasione di formazione per tutto il personale aziendale per riconsiderare il proprio modo di lavorare insieme, i propri obiettivi, i propri princìpi di riferimento.

Nel mio discorso ho accennato brevemente ad alcuni metodi di formazione senza entrare nello specifico. Ora è il caso di approfondirli dato che essi valgono anche in azienda. Diciamo che la lezione frontale ovvero la trasmissione di saperi e conoscenze, pur essendo un metodo obsoleto, mantiene ancora la sua importanza.

Tuttavia, negli ultimi anni si sono sviluppate diverse strategie che mettono chi deve essere formato al centro, rendendolo protagonista attivo della propria crescita e maturazione. Si tratta di un *learning by doing*, già teorizzato da Dewey[77] e Maria Montessori[78], che si concretizza in molteplici forme di apprendimento.

---

[77] Cfr. John Dewey, *Il mio credo pedagogico*, Firenze, La Nuova Italia 1954 (prima edizione in inglese nel 1897).

[78] Cfr. Maria Montessori, *Il metodo della pedagogia scientifica applicato all'educazione infantile nelle case dei bambini*, Città di Castello, Scipione Lapi, 1909.

Innanzitutto, dobbiamo sottolineare che accanto a laureati in ingegneria e scienze economiche, ultimamente vengono assunti per posizioni in aziende anche laureati in lettere o in filosofia perché si suppone che come *Quereinsteiger*[79] siano in grado di garantire un approccio non convenzionale al problema. L'interdisciplinarietà diventa, quindi, una parola chiave all'interno della formazione in azienda nella prospettiva dell'apprendimento permanente reciproco. Tra le strategie formative più efficaci possiamo ricordare il *circle time*, il *role playing*, il *cooperative learning*, la *peer education*, la *flipped classroom*, l'attività laboratoriale-esperienziale.

Il ***circle time*** consiste nel disporsi in cerchio. Un moderatore ha il ruolo di sollecitare e coordinare il dibattito entro un termine temporale prefissato così come di regolare la successione degli interventi, che deve avvenire rigorosamente secondo l'ordine del cerchio. Il *circle time* ha, quindi, lo scopo di facilitare e sviluppare la comunicazione circolare, favorire la conoscenza di sé, promuovere la libera e attiva espressione delle idee, delle opinioni, dei sentimenti e dei vissuti personali e, infine, crea un clima di serenità e di condivisione facilitante la costituzione di un qualsiasi nuovo gruppo di lavoro o preliminare a qualunque successiva attività. In altre parole, il *circle time* lavora sulla componente socio-affettiva.

Il ***role playing*** ovvero il gioco di ruolo si espleta attraverso la simulazione di comportamenti e atteggiamenti adottati generalmente nella vita reale. Potremmo definirla una vera e propria recita a soggetto. Ad ogni partecipante viene assegnato un ruolo e tutti devono comportarsi come pensano che si comporterebbe chi realmente nella situazione data ricopre quel ruolo. Questa tecnica ha, pertanto, l'obiettivo di stimolare l'empatia e far comprendere in profondità quali sono le prerogative e le difficoltà di un determinato ruolo. Inoltre, analizza i comportamenti degli individui nelle relazioni interpersonali in precise situazioni operative per scoprire come le persone possono reagire in tali circostanze. L'osservatore è tenuto a rispettare i partecipanti nelle loro scelte e reazioni senza giudicare. Alla fine dell'esperienza, che deve avere sequenze strutturate, può essere proposta una verifica del percorso svolto che va a sommarsi alle valutazioni registrate dall'osservatore e alle ripercussioni registrate successivamente nell'ambiente lavorativo.

---

[79] Il termine tedesco denota chi si inserisce in un percorso professionale considerato tradizionalmente diverso rispetto alle materie studiate all'università.

Il ***cooperative learning*** non è un semplice lavorare in gruppi. Si tratta di creare una squadra affiatata e ben amalgamata che lavora insieme per raggiungere un obiettivo. Che si tratti di vincere una *challenge* o risolvere un problema o costruire un oggetto, tutti sono stimolati a mettere in gioco le seguenti competenze: interdipendenza positiva nel gruppo, responsabilità personale, interazione promozionale faccia a faccia, competenze sociali ed emotive, controllo o revisione (riflessione) del lavoro svolto insieme, autovalutazione individuale e di gruppo.

La ***peer education*** è l'apprendimento tra pari con l'obiettivo di modificare i comportamenti specifici e di sviluppare le *life skills*, cioè quelle abilità di vita quotidiana necessarie affinché ciascuno di noi possa star bene anche mentalmente. In questa metodologia educativa i pari sarebbero dei modelli efficaci da seguire, in misura spesso equivalente ai professionisti del settore, per l'acquisizione di conoscenze e competenze di varia natura e per la modifica di comportamenti e atteggiamenti, generalmente relativi allo "star bene". Il peer non è il detentore di un sapere specifico, gestisce le relazioni all'interno del gruppo e per questo è considerato dagli altri come parte integrante del gruppo. Uno dei punti di forza della peer education è la riattivazione della socializzazione all'interno del gruppo. Il peer diventa stimolo stesso della partecipazione: sono i peer a trasmettere e condividere esperienze, dubbi e incertezze con i pari. Gli altri hanno, così la percezione di vivere un momento di vita informale all'interno del normale svolgimento dell'attività lavorativa.

L'approccio didattico del tipo "***flipped classroom***" ovvero "insegnamento capovolto" consente di fare in modo che i partecipanti possano apprendere contenuti, anche attraverso dei video e altre risorse e-learning, a casa prima dell'esperienza formativa in azienda. Può sembrare banale, ma questo approccio, assegnando flessibilmente ad altri tempi e spazi la fase di trasmissione delle conoscenze, consente di guadagnare tempo per poter curare maggiormente il momento del reale, significativo apprendimento attraverso il supporto di un mentore. Il tempo guadagnato viene, così, usato per attività collaborative, esperienze, dibattiti e laboratori. In un approccio didattico di questo tipo, in cui al singolo viene richiesto di farsi carico in prima persona del proprio processo di apprendimento, viene stimolata la capacità di "imparare ad imparare" ed essere più "attivi". Ciò comporta, ovviamente, come in tutte le metodologie didattiche presentate sinora, una predisposizione a prendersi sul serio, mettersi in gioco, lasciarsi sfidare e poter ripartire in caso di errore.

L'ultima metodologia che vorrei analizzare è l'attività laboratoriale che, a mio parere, è quella che riassume quanto detto sinora. La **didattica laboratoriale** è naturalmente attiva. Essa privilegia l'apprendimento esperienziale per favorire l'operatività e allo stesso tempo il dialogo e la riflessione su quello che si fa, promuovendo così le opportunità per tutti di costruire attivamente ed autonomamente il proprio sapere. La didattica laboratoriale incoraggia un atteggiamento attivo degli allievi nei confronti della conoscenza sulla base della curiosità e della sfida piuttosto che un atteggiamento passivo. Essa ha il vantaggio di essere facilmente applicabile a tutti gli ambiti disciplinari; nel laboratorio, infatti, i saperi disciplinari diventano strumenti per verificare le conoscenze e le competenze che ciascun partecipante all'esperienza acquisisce per effetto delle sue esperienze laboratoriali. Questa didattica si basa sui bisogni dell'individuo che apprende, promuove l'apprendimento collaborativo, consente lo sviluppo di competenze. Grazie ad attività di tipo laboratoriale (che si possono svolgere semplicemente nell'aula o in ambienti con attrezzature particolari), in cui gli studenti lavorano insieme al formatore, si promuove un apprendimento significativo e contestualizzato, che favorisce la motivazione e il circolo virtuoso della formazione. È per questo che proprio didattica laboratoriale, in quanto riunisce in sé e promuove competenze più diversificate, è la metodologia che ho scelto per il mio *diversity lab*.

Il diversity training regge sulla co-progettazione

L'educazione alla diversità si basa sul coinvolgimento di tutti i soggetti in una progettazione collettiva che tenga conto delle peculiarità individuali e sfrutti le risorse, le competenze, le inclinazioni naturali di ognuno. L'uomo non è un'isola; al contrario, è un animale sociale[80] e, pertanto, va considerato all'interno della rete di connessioni che lo legano agli altri individui da lui differenti e alle istituzioni e agli enti presenti sul territorio. Ciò significa che l'azienda fa parte di un progetto più ampio che coinvolge, in qualche modo, tutta la società.

Partiamo di nuovo dalle parole. Co-progettazione significa "progettare insieme". Il verbo progettare viene dal francese *projeter*, a sua volta derivato dal tardo latino *proiectare* che significa "gettare avanti". Il termine ha assunto il significato di ideare, pianificare, proporre un'azione e realizzarla.

[80] Aristotele, *Politica* I,6.

Per progetto (lat.: *proiectum*, "ciò che è gettato davanti") si intende, quindi, un proposito per la cui realizzazione vengono prese speciali misure organizzative. Sostanzialmente un progetto si distingue per le seguenti caratteristiche:[81]

- È limitato nel tempo (ha un inizio e una fine).
- Ha uno scopo (compito o risultato) definito o da definire e una complessa, innovativa, unica realizzazione.
- Ha una certa unicità e particolarità per l'organizzazione coinvolta (azienda, amministrazione, ente). Non si tratta, quindi, di una attività di routine.
- Il suo campo di applicazione richiede una suddivisione in diversi, tra loro correlati e complementari sotto-compiti. Ciò implica la collaborazione trasversale dei lavoratori e delle unità organizzative.
- Nella realizzazione di un progetto sono coinvolte di regola diverse persone o unità all'interno e all'esterno della stessa organizzazione.
- I singoli compiti da espletare possono essere correlati o legati ad altre attività al di fuori del progetto e concorrono alla ripartizione delle differenti risorse impiegate (personali, finanziarie o materiali).
- Il progetto comporta – soprattutto nelle fasi iniziali – una certa incertezza e dei rischi riguardo al raggiungimento dei singoli scopi.
- Ha bisogno di controllo e monitoraggio costante.
- I progetti sono condotti con successo solo se vengono prese adeguate misure organizzative. Ciò riguarda sia la fase di avvio che la realizzazione in sé.
- Inoltre, nella scelta dell'organizzazione del progetto devono essere definiti criteri quali ampiezza e durata del processo, disponibilità di risorse, numero di altri progetti coinvolti etc.

Dalla definizione di progetto appena data si evince che la sua realizzazione è complessa e richiede il coinvolgimento di diversi attori e risorse. Ancora di più tale dinamica è evidente nel concetto di co-progettazione che prevede proprio di per sé, come sottolineato dalla presenza della preposizione co(n), l'inserimento di almeno un secondo soggetto.

[81] Le tecniche di definizione e realizzazione di un progetto sono divenute talmente rilevanti da costituire una branca a sé delle discipline socio-economiche, il cosiddetto project management.

Di seguito parleremo di co-progettazione, intesa come collaborazione tra Pubblica Amministrazione, Terzo Settore e aziende, e ci focalizzeremo su un insieme di interessi da perseguire in ottica diversity.

La monografia guida relativa alla co-progettazione tra Pubblica Amministrazione e Terzo Settore è quella di De Ambrogio e Guidetti.[82] Secondo i due autori per co-progettazione si intende una modalità di costruzione, affidamento e gestione di iniziative e interventi sociali attraverso una partnership tra pubblica amministrazione e soggetti del privato sociale. La co-progettazione è quindi "una modalità di lavoro congiunto fra pubblico e privato che investe l'intero processo di costruzione di una politica sociale dalla fase di ideazione a quella di progettazione vera e propria, a quella gestionale, di intervento, fino alla sua valutazione". È, inoltre, "un'occasione di incontro fra soggetti diversi che ha potenzialità generative se costruiscono fra di loro un legame positivo che li valorizzi entrambi e che produca valore aggiunto".

Le esperienze di co-progettazione stanno avendo una sempre maggiore diffusione. Il concetto di co-progettazione *de facto* ridefinisce il rapporto tra enti pubblici e soggetti del Terzo Settore. È stato introdotto in Italia con la legge 328/2000 in seguito alle numerose sollecitazioni di tanti studiosi, funzionari pubblici e operatori sociali che sottolineavano i vantaggi degli approcci partecipativi in termini di valore aggiunto e di potenzialità per la realizzazione di sistemi di *welfare*. L'innovazione consiste nel trasformare il rapporto tra committente e fornitore in una vera e propria partnership in cui progettualità, operatività e responsabilità sono condivise dall'inizio alla fine. In passato, infatti, la parte iniziale del percorso spesso non prevedeva il coinvolgimento di tutti i partner, chiamati solo in un secondo momento.

Un secondo elemento di innovazione consiste nella corresponsabilità nell'assunzione dei rischi. Non si tratta più, come in precedenza di utilizzare risorse pubbliche date *a priori*, ma "di integrare le risorse esistenti e trovarne e investirne di nuove per promuovere percorsi virtuosi di sviluppo sociale." In altre parole, PA e Terzo Settore diventano "soci" e si assumono onori e oneri di un progetto.

---

[82] Cfr. De Ambrogio Ugo, Guidetti Cecilia, *La coprogettazione. La partnership tra pubblico e Terzo Settore*, Carocci Faber 2016.

Secondo De Ambrogio e Guidetti sono due gli elementi cruciali della co-progettazione:

- la rappresentatività del Terzo settore: nei rapporti con l'ente pubblico dovrà costituire aggregazioni di soggetti (Associazione temporanea di scopo o Associazione temporanea di imprese);
- la suddivisione di compiti e funzioni, onori e oneri e anche cofinanziamenti.

Il successo di progettazioni territoriali efficaci è caratterizzato soprattutto da "contratti" che prevedano "corresponsabilità e reciprocità fra partner, all'interno dei quali si possano concordare i comuni obiettivi di lavoro e, partendo dalle aspettative di ciascuno, i ruoli che saranno ricoperti all'interno del progetto e i relativi compiti e responsabilità. Inoltre è fondamentale determinare tempi e carichi di lavoro". Quindi una buona progettazione è la base per costruire dei percorsi virtuosi. Un esempio particolarmente virtuoso è costituito in questo senso da Bergamo[83] o dall'ASP di Bologna.[84]

In riferimento al tema *diversity*, possiamo individuare quattro ambiti di co-progettazione:[85]

1. L'esistenza di un quadro giuridico e l'impegno politico per l'inclusione.
   Dovrebbero essere fissati, a livello normativo, degli obiettivi concreti di sviluppo delle competenze "inclusive" e un quadro chiaro per l'azione (obiettivi, gruppo target, responsabilità, tempi etc.). Lo sviluppo delle competenze inclusive (ad es. attraverso la formazione) dovrebbe essere integrato sia nelle strategie nazionali per l'uguaglianza che nei piani delle singole organizzazioni del Terzo Settore che si prefiggono per scopo proprio l'uguaglianza. Se il quadro politico definisce i ruoli e le responsabilità a diversi livelli, i manager aziendali diventano responsabili di sostenere, condividere e promuovere l'impegno a favore dell'inclusione.

---

[83] Cfr. http://www.volontariato.lazio.it/documentazione/documenti/Vdossier_dicembre2016.pdf.

[84] Cfr. https://www.aspbologna.it/files/Verbale_co-progettazione_LAZZAR-US_con_dichiarazioni.pdf.

[85] Cfr. https://eige.europa.eu/gender-mainstreaming/toolkits/gender-equality-training/designing-effective-gender-equality-training.

Laddove il *diversity training* resta facoltativo, i tassi di frequenza sono generalmente bassi. Inoltre, tali corsi vengono frequentati perlopiù da coloro che sono già consapevoli e sensibili rispetto alle tematiche della diversità piuttosto che da chi ne ha più bisogno. Un forte impegno potrebbe includere la formazione obbligatoria sulla diversità, in particolare per chi ricopre posizioni decisionali. Ove pertinente, la conoscenza delle questioni relative all'inclusione potrebbe essere aggiunta alle descrizioni delle mansioni dei dipendenti pubblici.

2. La disponibilità di sufficienti risorse per la realizzazione del progetto. Risorse adeguate devono essere destinate al *diversity training*. Sia le risorse umane che quelle finanziarie sono necessarie per garantire lo svolgimento delle attività di formazione iniziale e di follow-up. Il personale dovrebbe essere incoraggiato a partecipare alle sessioni con un'assegnazione coerente di tempo e un budget adeguato per consentire loro di partecipare.

3. L'incoraggiamento del personale a partecipare al *diversity training* sia introducendo l'obbligo di frequenza sia adottando strategie di coinvolgimento innovative. Una volta definite le responsabilità e assegnate le risorse, il successo del *diversity training* si basa su meccanismi di rendiconto. Dovrebbero essere individuati organismi in grado di monitorare se le tematiche *diversity* vengono integrate nell'intero ciclo politico (pianificazione, esecuzione, controllo). Idealmente, dovrebbe essere obbligatorio per gli organismi giudicare regolarmente il livello di consapevolezza all'interno dell'organizzazione e proporre azioni per migliorare l'attuazione dell'inclusione.

4. L'esistenza di un sistema di responsabilità adeguatamente dotato di risorse per monitorare continuamente e valutare le singole fasi del progetto.

La formazione regolare dovrebbe far parte di una strategia più ampia per il monitoraggio e la valutazione continui. Garantire il follow-up è un aspetto cruciale, ma spesso trascurato, delle politiche sull'inclusione se si vuole essere efficaci a lungo termine. Il cambiamento comportamentale può essere misurato, anche se questo implica un certo grado di soggettività. Le organizzazioni dovrebbero coinvolgere il personale pertinente sia prima che dopo la formazione, per assicurarsi che i bisogni effettivi siano soddisfatti e per dare ai dipendenti un senso di appartenenza al processo di sviluppo delle proprie capacità.

I quattro ambiti enucleati evidenziano già il coinvolgimento di diversi soggetti chiamati a co-progettare: il legislatore a livello nazionale e locale, il Comune in cui si trova l'azienda, i responsabili della *policy* aziendale, finanziatori pubblici e privati, i lavoratori dell'azienda, formatori professionisti, ulteriori esperti o enti esterni addetti al monitoraggio e alla valutazione.

Obiettivi ed elementi fondamentali del percorso: parte uno

Alla luce di quanto detto appare evidente l'importanza DEI *diversity lab*. A livello individuale, le iniziative di sviluppo delle competenze cosiddette inclusive possono aumentare la consapevolezza su queste tematiche, ridurre i divari di conoscenze e capacità e incoraggiare un processo di cambiamento. Comprendere e formare un controllo volontario del processo di percezione permetterebbe di evitare l'attivazione inconsapevole degli stereotipi e i condizionamenti che ne possono conseguire. Tali iniziative possono fornire ai dipendenti pubblici e privati gli strumenti teorici e pratici necessari per capire perché e come possono integrare la diversità nel loro lavoro. Possono dimostrare la rilevanza pratica dell'inclusione e rendere i membri del personale più disposti a lavorare su attività correlate. Uno strumento utile è lo IAT, un test psicologico che misura la facilità e la rapidità con cui le persone associano parole o immagini – di segno negativo o positivo – ad alcuni gruppi sociali. Il test viene somministrato con l'ausilio di un computer che fornisce una serie di stimoli e registra la velocità di associazione di questi stimoli con alcune categorie di gruppi individuati. Facciamo un esempio:

"Un padre e suo figlio sono coinvolti in un incidente d'auto nel quale il padre rimane ucciso e il figlio gravemente ferito. Il padre viene dichiarato morto sul luogo dell'incidente e il suo corpo viene trasferito presso un obitorio nelle vicinanze. Il figlio viene trasportato da un'autoambulanza presso il più vicino ospedale e viene trasferito con urgenza nella sala operatoria. Il chirurgo chiamato a realizzare l'intervento, dopo aver visto il paziente, esclama 'Oh mio Dio, è mio figlio!'"

Alla domanda "Che relazione pensi ci sia tra il ragazzo e il chirurgo?" generalmente oltre il 40% delle persone esclude che il chirurgo sia la madre, mostrando quindi un forte stereotipo di genere. Al contrario per razionalizzare il racconto vengono fornite soluzioni fantasiose e bizzarre. A livello organizzativo, i benefici di un *diversity lab* vanno oltre il semplice incoraggiamento di una maggiore competenza in materia di inclusione.

Lo sviluppo di tali competenze può portare a cambiamenti nel lavoro dell'organizzazione, come ad esempio:

• L'attuazione di nuove politiche, buone pratiche e attività a favore dell'inclusione;
• Cambiamenti nei risultati e nell'immagine pubblica dell'organizzazione;
• Indicatori di performance chiaramente formulati che possono essere utilizzati per pianificare iniziative future.

Una maggiore competenza in materia di inclusione può anche portare a cambiamenti nella cultura dell'istituzione trasformando l'ambiente lavorativo sia nel processo decisionale interno che/o nelle procedure interne dell'organizzazione.

Affinché questi benefici siano realizzati, è necessario garantire la qualità delle iniziative di sviluppo delle competenze inclusive per garantire che siano di alto livello. I meccanismi di garanzia della qualità nelle iniziative di sviluppo delle competenze sono stati riconosciuti come un requisito necessario per un'efficace formazione. Tuttavia, lo sviluppo delle competenze in materia di diversità comprende un'ampia gamma di attività, ognuna delle quali risponde a bisogni diversi e produce risultati diversi. Pertanto, i responsabili politici a livello nazionale e locale, i dipendenti pubblici responsabili dello sviluppo delle competenze e gli organismi disposti a commissionare attività di formazione devono essere in grado di scegliere la giusta forma di formazione, selezionare un buon formatore e contribuire alla sostenibilità sviluppo della formazione. Essenziale è una progettazione del *diversity lab* mirata e precisa anche nei dettagli formativi e tenga conto dei seguenti elementi:

- Programma
- Tematiche
- Approccio: top-down o bottom-up
- Tipo di partecipazione
- Composizione dei gruppi
- Confronto
- Trainer

Rispetto al programma, i *diversity lab* possono essere di due tipi: finalizzati a sviluppare conoscenza e sensibilità sul tema della diversità (*awareness training*) o orientati allo sviluppo di abilità e modelli per gestire la diversità (*skill-based training*).

Per quanto riguarda le tematiche, una panoramica sulle varie sfaccettature può fornire maggiori informazioni su quanto la diversity sia un concetto complesso, ma di contro potrebbe approfondire meno un focus centrale per il contesto di riferimento.

Nell'approccio Top-down si formano dapprima le fasce dirigenziali/manageriali e poi il resto dell'organizzazione. Nell'approccio bottom-up la direzione è opposta. Entrambi gli stili hanno tipologie di vantaggi differenti, la scelta deve essere guidata *in primis* dalla tipologia di azienda e dalle caratteristiche interne (funzioni, organigramma, gerarchie etc.) La partecipazione può essere messa come obbligatoria o volontaria a seconda se si voglia dare un segnale forte dell'importanza della diversity in azienda o aspettare una risposta di consapevolezza personale. I gruppi possono essere eterogenei o omogenei. Generalmente nei primi è più semplice mettere in pratica fin da subito le *best practices* in termini di diversity ed è più facile aprire un confronto con punti di vista differenti. Il confronto può avvenire sia in formazione statica che esperienziale. Come in tutti gli ambiti la seconda tipologia registra un maggior grado di coinvolgimento delle persone che hanno la possibilità di partecipare in modo attivo e diretto. In questo contesto anche eventuali conflitti all'interno del gruppo possono essere fonti di apprendimento se gestite in modo costruttivo.

Nella scelta del trainer bisogna porsi le seguenti domande: Meglio un/una trainer che rispecchi le caratteristiche di una minoranza o un/una trainer con caratteristiche più simili ai discenti per creare un legame di maggior fiducia e far riscontrare nei partecipanti un maggior livello di credibilità e professionalità della formazione?

Per valutare l'efficacia della formazione bisognerà comunque ricorrere a:

- Questionari
- Interviste
- Focus group
- Numeri di partecipazione
- Rapporto costi/benefici

Obiettivi ed elementi fondamentali del percorso: parte due

Il *diversity lab* da me progettato per la 24orebs si propone di stimolare atteggiamenti positivi verso la diversità e contribuire, in questo modo, a creare un ambiente di lavoro più felice e più performante.

Il percorso prevede una serie di incontri all'interno dei quali saranno trattate tutte le tematiche afferenti la DEI.

Sono partita da una focalizzazione dei concetti e far comprendere lo stato dell'arte in Italia e nel Mondo. La contestualizzazione e la condivisione rappresentano due dei punti focali della metodica che alterna brevi spazi di apprendimento teorico ad una gran parte di progettazione e soprattutto di confronto attivo. In un contesto nel quale i ragazzi e le ragazze affrontano per la prima volta questa tematica è stato necessario comprendere immediatamente il livello di sensibilità, di conoscenza e di volontà all'apprendimento. Partendo dall'espressione del potenziale della diversità sono andata ad esplorare il grado di consapevolezza dei termini, di quanti bias e pregiudizi fossero presenti e come poterli superare. La metodologia particolarmente interattiva mi ha permesso di rendere omogeneo l'apprendimento tra chi era presente in aula e chi collegato virtualmente. Essendo stato in fase sperimentale e dovendo sottostare ancora ad alcune ristrettezze per la pandemia, abbiamo deciso in accordo con la Responsabile del Master HR la dott.ssa Paola Soave di dare loro la possibilità di lavorare dividendosi in gruppi e progettando un modello/percorso/idea che avrebbero presentato poi ad un gruppo di HR, Responsabili ed esperti sulle tematiche delle maggiori aziende italiane.
Il linguaggio e la sua capacità di diventare strumento particolare di inclusione o di esclusione è stato affrontato da ogni angolazione, perché puntare a realizzare un'azienda inclusiva passa principalmente dalla conoscenza e dal rispetto delle persone intorno a noi. Le differenze di qualsiasi tipo devono rappresentare la spinta ad apprendere e conoscere non partire ad esclusione come spesso viene fatto. Il fatto che ci sia una comunità che decreta ciò che è normale non vuol dire che ciò che è al di fuori sia sbagliato. Abbiamo la necessità di sentirci perennemente in una comfort zone e creare delle etichette che ci rendano confidenti e sicure/i. Ma questo ha un limite tangibile, non diamo alle persone intorno a noi la possibilità di farsi conoscere né di esprimersi liberamente forti della convinzione di aver compreso tutto immediatamente.

Proprio per superare questo limite gli incontri hanno approfondito le tematiche dell'ageismo, gli strumenti per valorizzare le persone in azienda oltre i KPI, come poter essere attrattivi e puntare alla talent acquisition superando i classici modelli (donna maggiormente penalizzata, ricerca solo di giovani solo per fare degli esempi) e poi l'acquisizione di consapevolezza di cosa e quali sono le forme di discriminazione, molestie e violenze.

Grazie alla grande partecipazione di alcuni ragazzi e ragazze particolarmente sensibili alle tematiche LGBTQA+ abbiamo approfondito la tematica condividendo storie vere, esempi e modelli da non seguire e come approcciarsi in caso di aziende non inclusive.

I project work

I lavori sono stati presentati davanti alla commissione composta dai referenti della Diversity; esperti/e, HR manager delle più grandi aziende italiane:

TIM, SISAL, FONDAZIONE LIBELLULA, FORMAMENTIS, MICOL D'ANDREA, CARTER&BENSON, FERROVIE DELLO STATO, INFOJOBS, AIDP, HOIST FINANCE, (ASSENTI per imprevisti Flixbus e Banca d'Italia).

I partecipanti hanno dimostrato grande impegno e voglia di mettersi in gioco, curiosità e capacità di ricerca critica. Il percorso è stato vissuto con dedizione e grande partecipazione, la metodologia partecipativa è risultata vincente. Non mi piace e non mi piacerà mai lodarmi per i risultati ottenuti, ma l'orgoglio nel poter condividere qui, nero su bianco, i loro project work e dare voce e vita a qualcosa che è nato come esperimento e ora rappresenta un modello è un'emozione fortissima quindi, contro ogni logica editoriale vi chiedo di leggere e osservare con una leggerezza diversa tutto ciò che vedrete nelle prossime pagine facendovi guidare solo dalle emozioni.

5 Project work che hanno visto la tematica DEI da vari punti di vista tutti ugualmente rilevanti e di approfondimento nelle applicazioni pratiche possibili nelle aziende.

Il mobbing come tematica presente ma non valorizzata o sentita nei contesti aziendali, quasi non esistesse più, l'analisi di tutti gli aspetti della DEI con la soluzione ad una nascita di comitati ad hoc nelle aziende e indagini sul clima aziendale per favorire le giuste soluzioni alle problematiche dei dipendenti, la necessità di decostruire sistemi di controllo arcaici e creare ambienti dove l'engagement, il contatto e la responsabilizzazione sociale siano i capisaldi sono le tematiche di alcuni dei gruppi. Ognuno ha cercato di dare la propria soluzione magari non osando andare oltre ciò che può essere già conosciuto, non sfidandosi o semplicemente perché ritenevano fondamentale ribadire i concetti basilari ma spesso dimenticati, come il mobbing, nelle aziende.

I loro lavori sono stati apprezzati ma non hanno ricevuto lo stesso riconoscimento che hanno avuto i due progetti che hanno avuto quasi un ex aequo da parte della commissione valutatrice.

Ribadisco ancora una volta che ringrazio tutt* per le grandissime emozioni e soddisfazioni che mi hanno permesso di vivere.

Come dicevo c'è stato quasi un ex aequo tra due progetti che hanno sviluppato e analizzato con senso critico, indagini, vita vissuta e rivendicazioni personali due tematiche:

1) La diversità come valore di arricchimento aziendale (The Barbie effects)
2) La voce spesso inascoltata delle minoranze nelle aziende (Unicamente Inascoltatə)

Nel primo lavoro "dal confronto e dall'unione delle nostre esperienze ed idee nasce The Barbie effect. Non una sola idea, non una sola esperienza, non una sola proposta, non una sola risposta". Barbie perché è considerata un modello a volte irraggiungibile – la perfezione del suo corpo immutato nel tempo ne è un esempio- ma anche l'impegno ad andare oltre per le aziende di moda come la "My Bestie" ideata dal gruppo di lavoro. Parlano di moda sostenibile, di design che si adatta ai gusti e alle fisicità con l'obiettivo che il valore-diversità diventi, **come nell'effetto farfalla**, una piccola azione o la minima decisione che finiscono per produrre un grande cambiamento nel breve e nel lungo periodo. Attraverso una serie di attività quali:

- Associazione tra ruolo e stereotipi di genere;
- indossare il capo di abbigliamento che avresti sempre voluto ma non hai mai avuto il coraggio di farlo;
- analizzare se si lavora come una donna o come un uomo per andare oltre le aspettative e il "modo di comportarsi come un uomo o come una donna".

Si è visto quanto tutto ciò può avere effetto sulle relazioni della persona nella vita privata e lavorativa e quali azioni mettere in atto per non conformarsi a ruoli di genere.

Andare oltre per essere se stessi/e, potrebbe essere il riassunto di questo lavoro.

Capire come sia necessario abbandonare la classica distinzione concettuale tra uomo e donna e che ogni individuo si senta libero di indossare e rappresentarsi come vuole. Cambiare il modo di fare le selezioni mettendo alla prova i recruiter per valutare gli eventuali bias, i pregiudizi e le azioni correttive affinché tutte/i abbiamo uguali possibilità di accesso al lavoro.

Lo scopo è rivolto alla responsabilità sociale che sviluppi policy inclusive che abbiano un forte impatto sociale anche tramite attività di stile di vita sani e attivi. Proprio per questo, per vincere il pregiudizio e consentire la libertà hanno ipotizzato una corsa non competitiva, svolta con una maglia rosa promotrice del progetto e da fare a Roma l'8 Marzo partendo dal Colosseo.

Perché correre è un'iniziativa per raccogliere fondi per l'istituzione di borse di studio per giovani donne in tutto il mondo. L'istruzione promuove l'emancipazione e questo è solo un vantaggio per l'umanità intera. Il loro #? #effettofarfalla #EFFETTOBARBIƏ

Un'idea così impossibile da realizzare nelle nostre aziende?

Non credo assolutamente così come non ritengo impossibile indagare e rispondere alle esigenze, tematiche e situazioni messe in rilievo dal secondo progetto (Unicamente Inascoltatə).

Il gruppo è partito da una speranza, quella verso l'ascolto attivo, al cambiamento e al supporto "di chi porta con sé e in sé lo stigma di appartenere ad una minoranza aziendale". Hanno prodotto e somministrato dei questionari che puntavano a far osservare la diversità e le differenze come un momento affermativo e attuativo, non come qualcosa di oppositivo e binario. Per loro "la differenza è l'unica cosa che esiste".

Item principali:

1) Qual è il tuo spazio nel mondo?
2) Quali sono le emozioni che esprimi al lavoro? Pensi sia ragionevole esprimerle?
3) Come vivi il rapporto gerarchico con i colleghi
4) Come ti vedi nel futuro?

E le risposte hanno riportato timori, voglia di cambiare lavoro, di vivere con persone amiche con le quali gioire.

E le donne hanno dichiarato di voler avere le stesse opportunità di crescita professionale, di poter affrontare i primi step di un colloquio per iscritto per garantire l'oggettività della valutazione, di esserci la necessità di parlare maggiormente di queste tematiche senza vergogna e a tutti i livelli aziendali.

E poi c'è stato Christopher, un diario di testimonianze, scritto da persone lavoratrici trans* e vi posso assicurare che durante questo racconto è calato un silenzio profondo, il cuore si è aperto e gli occhi sono diventati lucidi. Perché Davide, mentre parlava e dissertava aveva indossato degli stivali con i tacchi e per la prima volta, davanti ad un pubblico non solo preparato ma che rappresentava delle potenzialità per il suo futuro, non si è tirato indietro ma ha trasmesso tutta la potenza e la vita che ha vissuto e la conoscenza che ha. I numeri sono stati uno schiaffo in faccia, perché dall'indagine presente su www.ustranssurvey.org aggiornata al 2019, il 50% delle persone trans* afferma di essere stato violentato o aggredito (soprattutto da donne), il 49% teme di perdere il lavoro se facesse coming out contro solo il 6% delle persone LGB, il 48.3% delle persone trans* ha tentato il suicidio nell'ultimo anno.

È necessario un ascolto attivo e non affidarsi a sensazioni soggettive ma a chiare definizioni scientifiche sul tema, una formazione ad hoc e non generalista oltre che interventi specifici per prevenire e affrontare tutte le situazioni di stress indotte.

È emersa la necessità di aggiornare nei moduli di contratto ed altre procedure burocratiche la voce "genere" spodestandolo dalla tradizione binaria (Kyle,22) "negli ambienti lavorativi cambiare i format, anche se molti si stanno aggiornando: a maschio o femmina, aggiungere il **non voglio specificarlo**".

Rendere esplicite le policy inclusive, promuovere corsi di formazione su tematiche transgendere per capi e collaboratori. Un esempio la risposta di Giulio, 24 anni "secondo me ci dovrebbero essere dei corsi di formazione sia per datori di lavoro per lavoratori stessi, cioè che io vado ad un colloquio e una mi dice: ho tanti amici gay, dopo che ho detto di essere un ragazzo trans, quella non ha capito cosa sto dicendo".

Snellire il processo burocratico del cambio dei documenti perché oggi è tutto a discrezione del capo, le aziende devono avere la possibilità di attuare norme chiare che non ci sono né si prevedono a breve.

E poi...

"A me piacerebbe lavorare nell'attivismo, mi piacerebbe lavorare nelle comunità di recupero con i ragazzi, mi piacerebbe lavorare nelle associazioni, perciò nel mio futuro ci vedo un po' la mia storia: raccontare la mia storia ed aiutare. Ho vissuto situazioni di disagio, anche non legate alla transizione, quindi voglio fare quello che posso fare per chi ne ha bisogno, solo quello:

però **voglio farlo da Christopher**"

Ed ora siamo pronti per gli anni a venire, dove siamo certe con Paola Soave che vivremo nuove emozioni e soddisfazioni. Insieme!

Grazie

Scannerizza il Qr Code:

Postfazione a cura di Stefano Saladino

Rinascita Digitale: è il contesto che fa la differenza

Quando Marcella mi ha chiesto di scrivere il mio contributo all'interno di questo libro, non ho accettato subito. E ti spiego perché.

Se cerchi il mio nome e cognome sul web, mi troverai come esperto di marketing e comunicazione, di digitale ed eventi, ma non di quel mondo che oggi viene racchiuso sotto l'etichetta Diversity & Inclusion.

Devo confessarti una cosa: a me non piace molto questa espressione. Preferisco piuttosto parlare di unicità e rappresentazione della diversità. Senza fare il filosofo della strada, mi sono però chiesto più volte: **ma chi e che cosa ci sarà mai da includere? E Dove? Chi ha il diritto di includere e chi il dovere di essere incluso?**

Credo piuttosto che bisognerebbe **iniziare a rappresentare la complessità del mondo in cui viviamo, le sue sfaccettature, evitando le solite e facili semplificazioni.**

Ma sono anche uno che non si tira indietro di fronte alle sfide. Se mi stai leggendo, è perché ho deciso di accettare l'invito di Marcella, non da professionista del settore, ma da ottimo osservatore della realtà. Così come ho accettato di usare l'etichetta Diversity & Inclusion per intenderci meglio su un terreno che è ancora tutto da definire.

Nella mia quotidianità, **ho il privilegio di essere il project leader di Rinascita Digitale**. Le parole che leggerai qui sono dunque una panoramica sulla Diversity & Inclusion che ho rielaborato personalmente, grazie a ciò che ho potuto raccogliere e osservare insieme al mio team con questo progetto editoriale. Partiamo.

Box:
Rinascita Digitale è un progetto editoriale nato nel marzo 2020 dall'idea di Stefano e Michele Saladino con l'obiettivo di fornire strumenti formativi e informativi alle persone per affrontare il cambiamento in atto. Oggi vengono prodotti contenuti su sei aree tematiche: marketing e comunicazione, business, innovazione, risorse umane, sostenibilità e trend sociali, grazie a svariati format e il contributo di speaker di valore.

Al principio fu la generosità

Nella prima fase di Rinascita Digitale (marzo 2020 - marzo 2021) era tutta una grande condivisione di quello che le persone sapevano fare meglio.

Venivano condivisi contenuti relativi al proprio lavoro, alle passioni o a ciò che veniva ritenuto utile per potersi reinventare in un periodo alieno rispetto a quanto sperimentato finora.
Permettimi, per un attimo, di riportarti alla mente brutti ricordi, non perchè sono sadico, ma per comprendere l'importanza di un **progetto di condivisione.**

Ti ricordi quando non potevi andare a lavorare? Quando eri chiuso/a in casa? Quando eri lontano/a dai tuoi affetti? Quando non sapevi nulla di come il governo avrebbe disposto della nostra libertà, ma soprattutto della nostra routine quotidiana? (fondamentale anche per i più innovativi e propensi al cambiamento). Ecco, torna per un attimo a quello scenario. Avere qualcuno con cui condividere, mettersi in gioco, sentirsi utili per gli altri, è stato fondamentale per chi ha contribuito alla prima fase del progetto. **Ad aver aderito con spirito solidale e generoso sono state soprattutto le donne.** Questa proattività mi ha profondamente stupito in positivo. **Mi ha fatto capire che qualcosa sarebbe cambiato per sempre.**

Negli anni passati in cui facevo l'organizzatore di grandi eventi legati al digitale, alla classica "call for speaker" rispondevano per l'80% uomini.

Informandomi da fonti diverse, ricordo di aver visto un video TED X in cui la speaker parlava del motivo di questa dinamica: **le donne, per l'educazione ricevuta, osano troppo poco, lasciando però così da parte desideri, aspirazioni e sviluppo del loro talento.**
Avere un contributo femminile così consistente mi ha spiazzato; non ero pronto e allora mi sono chiesto perché.

A piccoli passi con il digitale

Spesso mi capita di presentare il progetto Rinascita Digitale, aggiungendo questa riflessione "Noi stessi abbiamo intervistato persone che prima dell'accelerazione digitale, sarebbe stato impossibile raggiungere".

Ma pensaci un attimo: com'era lavorare senza le call? Cosa si faceva prima dell'arrivo dei meeting su Zoom? **Pazzesco come quello post covid sembri un altro mondo e in parte lo è davvero: un mondo permeato dal digitale, dai suoi rischi, ma anche dalle sue potenzialità. È su queste che voglio concentrarmi per parlare di Diversity & Inclusion.**

Credo che **il digitale** abbia fatto sostanzialmente due cose agli inizi di questo fenomeno che noi siamo abituati ad associare automaticamente al periodo pandemico.

Da una parte ha indebolito alcune barriere. Le donne che avevano remore a rispondere alla famosa "call for speaker", **hanno potuto trovare nel digitale un alleato per la gestione del loro tempo personale e professionale**.

Dall'altra parte, **il digitale ha reso più democratico il sapere e in una situazione di emergenza, alle donne è risuonata più chiara la necessità di un loro contributo** per raggiungere il risultato di quello slogan "andrà tutto bene". Questo ha alimentato in loro la voglia di **crearsi continue opportunità, passando dal plurale all'individuale.**

È altresì vero che sfidando le regole del tempo e dello spazio, **il digitale ha mostrato un volto del reale che finora ci era stato precluso.** Da produttori compulsivi di contenuti, **il sapere che abbiamo raccolto si è spogliato dall'essere elitario.** Abbiamo visto che "quelli che ne sanno" non sono pochi e sempre i soliti e sono distribuiti in modo equilibrato tra il genere maschile e femminile.

È il contesto che accogliere la differenza e crea inclusione

Rinascita Digitale esiste tuttora, ma non è più quella degli inizi. E per fortuna, perché se il mondo cambia anche le esigenze delle persone cambiano e quindi anche la nostra risposta al mercato della cultura è cambiata.

In generale sono una persona che non ama i complimenti, ma mi piace l'autenticità degli apprezzamenti per il lavoro che insieme al mio team faccio quotidianamente. Quando sento uno/una speaker che mi dice "per fortuna non la solita intervista", oppure "Grazie, mi sono sentita accolta, a mio agio" e ancora "Grazie perché mi sono sentito me stesso". Ecco, questo per me è inclusione, perché **è rispetto dell'altro**, della sua visione che restituisce a una community, diventata sempre più sensibile alle chiavi di lettura di un mondo in progressivo ed esponenziale cambiamento.

Il rispetto spontaneo della competenza e della visione altrui, diventa in modo spontaneo e naturale, anche rispetto dei bisogni di una community eterogenea per competenze ed età.

Visioni, sapere, informazioni a tutto tondo e non verità dogmatiche. Anche questa è inclusione.

Sono d'accordo con il fatto che bisogna parlare di problemi che rientrano sotto l'etichetta della Diversity & Inclusion, però credo anche che, **se ci focalizziamo sempre e solo sul problema, sulla mancanza, non lo risolveremo mai**. Mi spiego.

Creare regole rigide a prescindere, per rientrare nei parametri di rispetto delle diversità e dell'inclusione, non funziona.

A mio avviso serve creare cultura, creando prima di tutto dei contesti che vengono percepiti come inclusivi e accoglienti per le diverse sfaccettature dell'essere umano. Rinascita è questo.

Rinascita Digitale è stata percepita in questo modo dall'inizio, perché **con il digitale si è creato in modo spontaneo un tessuto di equità e rispetto.** Oggi noi mettiamo a disposizione la nostra piattaforma per ospiti e contenuti che hanno un'eco importante nella società, non perché dobbiamo mettere una spunta a tutti i costi sulla tematica della diversità e dell'inclusione, ma perché **c'è un'eredità di accoglienza del "diverso", dell'opinione divergente, della libertà di espressione**. Come dicevo, i contenuti prodotti all'interno del progetto si sono evoluti e tra le evoluzioni c'è anche la trasmissione SwitchUP futuri professionali, dedicata ai temi del capitale umano, del lavoro e appunto, grazie alla competenza e passione di Marcella, i temi di empowerment femminile, Diversity & Inclusion.

Noi ci mettiamo la sensibilità, ci mettiamo la capacità di creare il contesto per una vera inclusione che passa attraverso il contenuto e la condivisione del sapere.

Stefano Saladino

CEO Mashub e Project Leader di Rinascita Digitale e SkillDoers

Ringraziamenti

Questo libro non avrebbe visto neanche una lettera se non fosse stato per alcune persone che oltre a credere in me, sempre e comunque, mi hanno supportato e tenuto in piedi quando volevo mollare. Quindi ora vi beccate un bel GRAZIE cosmico a modo mio, con il guizzo di un capello fucsia che illumina, uno sguardo verde che brilla come lo smeraldo, una lingua che cerca di diffondere saggezza (ok questo è troppo anche per me), delle mani che corrono sulla tastiera e un cervello che è sempre pronto a reagire e ad allenarsi ai cambiamenti con curiosità. Vado in ordine sparso ma come se fosse una squadra di calcio in cui IO sono l'allenatrice. Speravate almeno qui facessi la seria ma è impossibile. L'ironia e il sorriso salveranno il mondo e io ce le ho entrambe!

Giovani Racanati, marito e "sopportatore ufficiale" di paturnie e gioie che mi accompagnano anche la notte.

Giulia D'Innocenti, la mia draga perché se non ci fosse stata lei a dirmi di inserire l'idea del laboratorio oggi l'avrei vista realizzata da qualcun altro/a.

Micol D'Andrea, la dandy per eccellenza. La donna capace di reperire fonti e risorse nel tempo che io impiego a bere un caffè ristretto. Fonte inesauribile di cultura e confronto.

Sara Cartolano, la dolcezza e la profondità. Un animo sensibile capace di smussare gli angoli e rendere morbido ogni atterraggio.

Paola Soave, la professionalità e l'impegno. La vera innovatrice che ha immediatamente accolto l'idea.

Alberto Bosco, il trade union.

Mia madre, perché da lei ho preso il dono della scrittura.

Mio padre, perché da lui ho preso la testardaggine e la determinazione.

A me stessa perché non ho mai mollato e sono la dimostrazione che si può fare.

Alessandro Gian Maria Ferri, per la sua concretezza e perché le persone e le azioni non vanno mai date per scontate.

Bibliografia

"La diversità come risorsa" di Claudia Dall'Alba, Editore Franco Angeli, 2014.

"La città dei diritti. Per una cultura della diversità" di Alba Zizzamia, Editore Carocci, 2018.

"Blindspot: Hidden Biases of Good People" di Mahzarin R. Banaji and Anthony G. Greenwald, Editore Random House, 2013.

"White Fragility: Why It's So Hard for White People to Talk About Racism" di Robin DiAngelo, Editore Beacon Press, 2018.

"The Diversity Delusion: How Race and Gender Pandering Corrupt the University and Undermine Our Culture" di Heather Mac Donald, Editore Encounter Books, 2018.

"Invisible Women: Data Bias in a World Designed for Men" di Caroline Criado Perez, Editore Chatto & Windus, 2019.

"Il coraggio di essere vulnerabili" di Brené Brown, Editore Giunti, 2015.

"La forza della diversità" di Anson Chan e Martin Gengenbach, Editore Sperling & Kupfer, 2017.

"Differenze che fanno la differenza. Una cultura dell'inclusione" di Jennifer Brown, Editore HarperCollins, 2019.

"Intersectionality" di Kimberlé Crenshaw, Editore The University of California Press, 2016.

"Le radici della discriminazione: razza, sesso e classe" di Cynthia Cockburn, Editore Feltrinelli, 2011.

"Gender Trouble: Feminism and the Subversion of Identity" di Judith Butler, Editore Routledge, 1990.

"La teoria queer" di Judith Butler, Editore Feltrinelli, 1999.

"Inclusività e diversità nella formazione. Modelli, metodologie e strumenti" di Caterina Arcidiacono e Sara Mangione, Editore Aracne, 2019.

"Inclusive Education: Supporting Diversity in the Classroom" di Tim Loreman, Dalla McGill-Queen's University Press, 2018.

"La differenza sessuale" di Simone de Beauvoir, Editore Bompiani, 1949.
"Femminismi. Storia, teorie, pratiche" di Gloria Origgi, Editore Laterza, 2014.

"Il mondo oltre il genere" di Susan Stryker e Aren Aizura, Editore Ombre Corte, 2019.

"Il sesso delle differenze" di Franco Bolelli e Daniela Colombo, Editore Il Saggiatore, 2016.

"I corpi che contano" di Jennifer Nash, Editore Egea, 2019.

"Intersectionality" di Kimberlé Crenshaw, Editore The University of California Press, 2016.

"Unconscious Bias: Understanding and Managing Bias in the Workplace" di Debbie Irvine, Editore Kogan Page, 2019.

"Diversity, Equality, and Inclusion at Work: Theoretical Perspectives and Practical Approaches" di Keith Bybee, Editore Palgrave Macmillan, 2016.

"Overcoming Bias: Building Authentic Relationships Across Differences" di Tiffany Jana and Matthew Freeman, Editore Berrett-Koehler Publishers, 2019.

"The Diversity Advantage: Fixing Gender Inequality in the Workplace" di Roz Hasan, Editore Emerald Publishing Limited, 2019.

"The Inclusion Dividend: Why Investing in Diversity & Inclusion Pays Off" di Mark Kaplan and Mason Donovan, Editore AMACOM, 2016.

"Diversity Matters: Culture and Opportunity in the 21st Century" di Mark Page and John Kelly, Editore Cambridge University Press, 2021.

"Diversity & Inclusion: The Definitive Guide" di M. Tamara Dyson, Editore Routledge, 2019.

"Inclusive Leadership: The Essential Guide to Leading Diverse Teams" di Shelley Archibald, Editore Kogan Page, 2021.

"La diversità è un valore: Guida all'inclusione e alla gestione della diversità" di Margherita S. Bignami, Editore Il Sole 24 Ore, 2016.

"Equità e diversità nell'impresa" di Silvia Gualtieri, Editore Il Mulino, 2015.

"Inclusione e diversità: Percorsi e prospettive" di Silvia Gualtieri, Editore Il Mulino, 2019.

"La gestione della diversità culturale: Teoria ed esperienze a confronto" di G. Testa e G. Boari, Editore FrancoAngeli, 2013.

"L'inclusione lavorativa delle persone con disabilità" di E. Chiesa e S. Neri, Editore Il Mulino, 2016.

"La diversità è una risorsa: Manuale di gestione della diversità nell'impresa" di M. Bignami e R. Cogliati Dezza, Editore Il Sole 24 Ore, 2019.

"Equità di genere e diversità culturale in azienda" di F. Paladino e R. Tarsitani, Editore FrancoAngeli, 2014.

"Inclusione e diversità nella formazione" di S. Gualtieri e M. Bignami, Editore Il Mulino, 2018.

"Diversità e inclusione nell'era digitale" di M. de Ambrosis e F. Lombardo, Editore FrancoAngeli, 2020.

"La diversità come fattore di innovazione" di A. Gori e G. Guarnieri, Editore Il Mulino, 2017.

Finito di stampare nel mese di febbraio 2023,

per conto della Edizioni &100 Marketing.

FSC
www.fsc.org
MISTO
Carta
da fonti gestite in
maniera responsabile
FSC® C105568